U0102739

圖文

聖經文學

何恭上編著

藝術圖書公司 印行

聖經與名畫 ❻

圖文　聖經文學

目錄

法蘭西斯接受聖痕　格雷考作
1580年　油彩・畫布　108×83cm
馬德里・私人收藏

聖經文學

「聖經」引申出來的文學創作，比名著更有血有肉。

「聖經」無論是「舊約」或「新約」，本身是本經典，更是完美文學巨著。

西洋文學名著中，不少是受「聖經」啓迪；或是「聖經」記載得不夠詳盡，文學家再予以延續發展，寫出另本的著作。

自有「聖經」後，歐美詩人和作家，從聖經的文學養分裡面，汲取滋潤，再培育，再創作，發展成有關「聖經文學」的創作，它們或許是詩歌、劇本、小說、散文、詩……，但都受到人們推崇或熱愛。

這種「聖經文學」也有人稱爲「基督教文學」，本單元所談的不是「聖經」本身文學，而是從「聖經」文學引申出來的藝術創作，讓世界名著中更有血有肉。

基督教文學藝術美感

「聖經文學」有個最大特色，它展示了基督教文學藝術的蘊涵與美感，魅力和神韻，靈氣與靈性，……基督教文化深俱聖光與靈修，借助文字，在詩歌、小說、散文、詩、詞……中，相互發揮，自成一體，受到世界公開認同與讚歎。

這些所謂的「聖經文學」，當然跟「聖經」有關，著作本身情節、主題、構思……是受聖經影響或關聯。

我們舉出幾本全世界奉爲「聖經文學」典範之作：

• 奧古斯汀（St. Augustine）的「懺悔錄」（The Confessions）——這本以散文詩體寫成長篇巨著，不僅是詩情洋溢的哲學與神學智慧，也是喜愛哲人思想必讀好書。

•歌德（J. W. Goethe）的「浮士德」（Faust）——這本書強調兩大主題：「信仰得救」與「自強不息」，這二者都啓迪於「聖經」，書中上帝與魔鬼，浮士德與魔鬼，浮士德和瑪甘淚，三大主題的衝突，都遵循「聖經」善有善報、惡有惡報的美學對立原則。

•約翰・班揚（John Bunyan）的「天路歷程」（The Pilgrim's Progress）——這本書全部是從「聖經」故事中孕育出來。所以有人說，如果沒有「聖經」就不會有「天路歷程」，有第二本聖經之稱。

名畫插圖「聖經文學」

當然本書目的不是介紹「聖經文學」名著，而是結合「名畫與聖經故事」爲我們出版主要訴求。我們檢視「聖經文學」中有極精彩名畫配圖，加上聖經故事生動的文字描寫，這是本單元重點。

•但丁（A. Dante）的「神曲」（The Divine Comedy）——作者因被放逐，在深自沈潛思緒中，悟出上帝爲救贖人類，理出人生二大目標：人間天堂的塵世幸福、天國天堂的永恆幸福。

這也是「人」、「神」二界與「肉」、「靈」二境。

作者以自己「愛情」出發，尋找屬於基督性的人間喜劇，從開頭迷失在陰森恐怖之途出發，經歷「地獄」、「煉獄」，而抵「天堂」。

人類有幸，法國插畫家杜雷（Doré）替「神曲」繪製一套完整故事插畫；英國拉飛爾前派畫家羅塞蒂（Rossetti），描繪多幅有關「神曲」與但丁的名畫，這對「神曲」故事形象化，提供清楚又明確形象。

•王爾德（Oscar Wilde）的「莎樂美」（Salome）——作者描寫妖嬌而又善舞的莎樂美，把「新約」福音書裡沒有記述的「人的慾望」、

莎樂美端著約翰頭顱
提香作
1522年　油彩・畫布

天使告訴亞當：上帝是萬聖王
杜雷插畫
1866年　蝕刻版畫・紙　30×45cm

「人心惡惻」，以討伐千秋之筆讓故事躍然紙上，雖是劇本，但也有如千軍萬馬之勢。英國插畫家畢爾茲利（Beardsley）繪製「莎樂美」，他自己祖國人不屑一顧，可是法國人卻爲它瘋狂。

• 米爾頓（John Milton）的「失樂園」（Paradise Lost）——把「舊約」中亞當與夏娃變成次角，撒旦成主角，他們靠大天使米迦勒串連，構成生命篇章。全書借助這四個角色，來闡述自由與理性的珍貴。就像大天使米迦勒對亞當所說：「眞正的自由，總是與亞當的理性同在，離開她，自由就不能單獨存在。」同樣地，亞當也對夏娃說：「上帝讓意志自由，因爲順從理性的意志便是自由。」本書最終主旨是：「昭示天道的公正」。法國插畫家杜雷的「失樂園」版畫插圖，像「神曲」那麼引人入勝。

其他「聖經文學」名著沒有比較完整插圖，有的是幾幅配畫，在此不及細數介紹；但這三本藝術插畫名著版本，像其原著般，不但可以幫助讀者閱讀參考，甚至更讓人有「一窺究竟」的興趣，本身也就是完美插畫藝術。

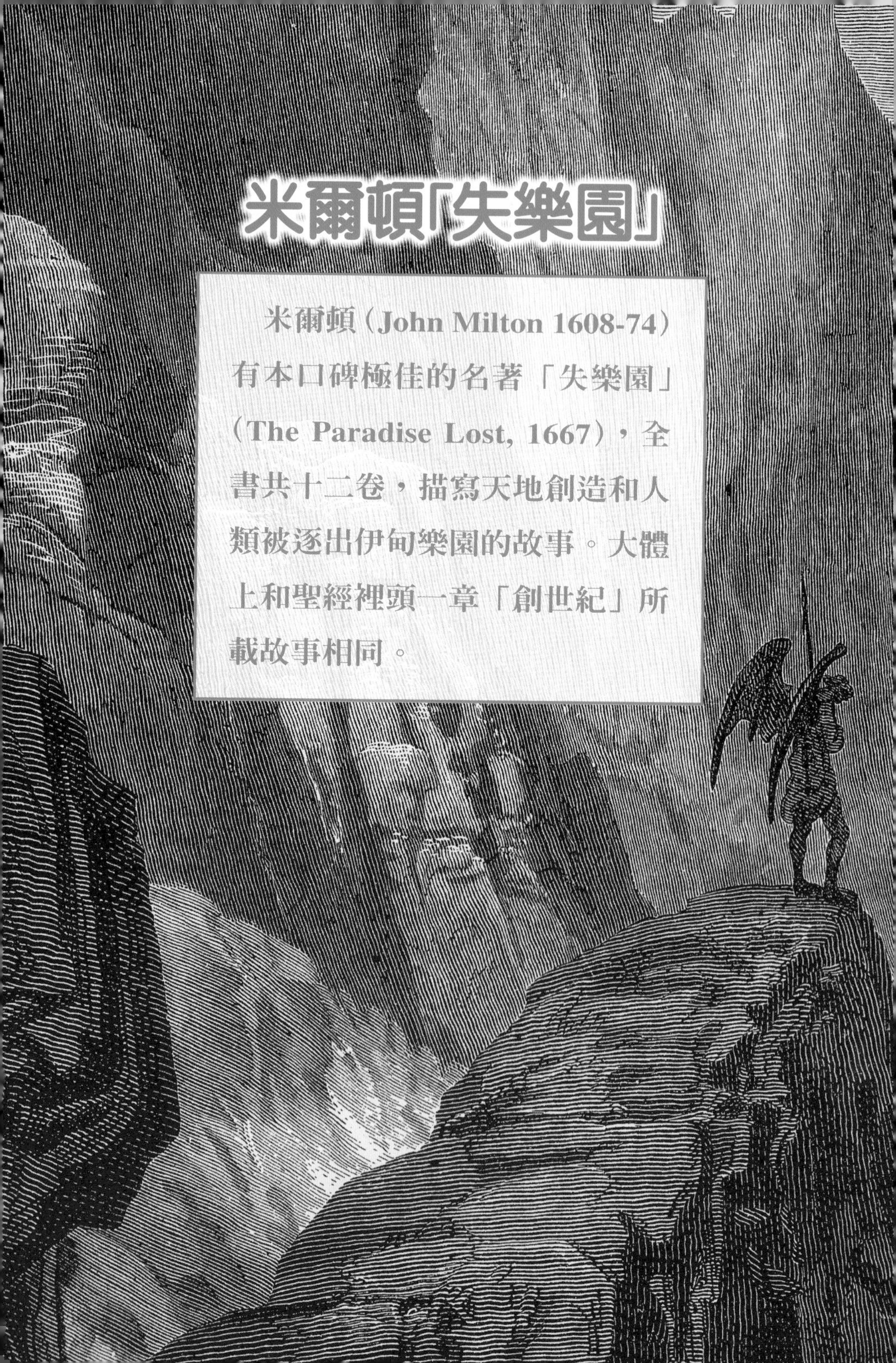

米爾頓「失樂園」

米爾頓(John Milton 1608-74)有本口碑極佳的名著「失樂園」(The Paradise Lost, 1667),全書共十二卷,描寫天地創造和人類被逐出伊甸樂園的故事。大體上和聖經裡頭一章「創世紀」所載故事相同。

P14・15
撒旦在河流中尋找回伊甸園之徑
杜雷插畫
1866年　蝕刻版畫・紙　30×45cm
撒旦能撐起牠的王國嗎？　布雷克作
1808年　水彩・畫紙　51×39cm
日本・北海道・近代美術館藏

但這本共分十二卷來寫的「失樂園」，比聖經「創世紀」的亞當與夏娃，從上帝創造亞當與再造夏娃，這倆位人類始祖被誘惑後，被逐出樂園……寫得還要多還要詳細。

惡魔如果不壞好人難顯現

但「失樂園」裡的男主角卻是「撒旦」，它不像聖經以「亞當與夏娃」爲主角。撒旦在「創世紀」裡是個壞蛋，「失樂園」卻對這壞蛋撒旦的性格和行動加以渲染，強調與擴張了。

米爾頓把撒旦寫成主角，這就是從「外傳」角度著眼。惡魔如果不壞，顯現不出好人的突出。撒旦終究是超級搗亂，誘惑亞當夏娃罪首，牠永遠跟上帝和人類敵對，但最後終敗亡，牠爲這故事中加入曲折情節。

「失樂園」想像豐富，敘事精巧，尤其把撒旦性格，刻畫深微。全書以詩篇形式寫成，並不用韻體手法，是一種類似變體敘事詩，像街頭行吟詠唱的藝人，以唱誦形式說給民衆聽，句子簡單易懂，影射與含意詞語交錯運用。

但內容很和諧，處處看出親切又動人的結構。

「創世紀」本來是寥寥數語的簡單故事，但米爾頓卻將它演化成十二卷洋洋大觀的敘事詩。

米爾頓寫完「失樂園」後，仍覺意猶未盡，又繼續努力寫下「復樂園」（Paradise Regained）四卷敘事詩。

「復樂園」偏重撒旦試探耶穌的詭計與壞人異想天開的天眞，這本「復樂園」沒有「失樂園」的結構宏大，篇幅雖小，卻短小精悍，精簡無比。

有人說「復樂園」不如「失樂園」的好，也許是種偏見。這和說「神曲」中「地獄」比「煉獄」、「天堂」寫得好，是一樣的偏見。

米爾頓「失樂園」，採取詩篇的格律，用英詩對句韻律。屬於長篇詩，有一萬多首，以敘事詩手法寫成。人們都認爲除了但丁外，米爾頓是最偉大詩人。

他花廿七年才寫成，米爾頓是文藝復興時代敘事詩人代表。

他在「失樂園」中，創造撒旦，牠的武功和智慧是主角，卻有著悲劇英雄的悲哀：明知有危險，仍進行孤獨的長途跋涉；所以布雷克彩筆下的撒旦，看起來像大衛王嗎？像英雄好漢嗎？但牠連在深淵的諸魔中，都得不到認同與掌聲，只好孤獨的自我劃地爲王。

撒旦要拆散人間佳偶　布雷克作
1822年　鉛筆・水墨・水彩　51×39cm

失樂園原兇

米爾頓在寫「失樂園」時，從32歲開始寫起，一直到59歲才完成。雖然題材是從「聖經」的「創世紀」來的啓示，但他重視描寫天國裡撒旦魔鬼的叛亂，他因同上帝在抗爭，而被打入地獄深淵，帶著叛逆的天使逃亡的故事。

撒旦魔鬼叛變的故事

全書十二卷，共一萬餘行。以敘事詩手法，故事性非常強。出現人物不多，亞當、夏娃、撒旦、大天使四位爲主要角色，全書都是用幻想激出的情節，亞當與夏娃被逐出樂園後，他們承受的種種苦楚，這些經過生動萬分的背景，構成一種新天地的境界。

撒旦們討論該如何免去這種如巨石壓頂的苦楚，結論是必須反抗神的命令，決定先對付「神之子」基督。

牠們決定向神挑戰，目的是要建造美麗的魔殿，撒旦的新主意，是提議誘惑新世界的創造者——人類，聯合上帝創造的人類向神報復，以便從地獄與天界裡佔有新世界。

撒旦裝扮天使潛入伊甸園

神在天上看見這種情形，就預言：撒旦這謀略，將使人類墮落；並且由於耶穌的贖罪，天使將讚美神和祂的兒子。

撒旦裝扮成天使，潛入新境界，到達伊甸園，天使加百利發現牠後，撒旦恐懼得逃走。

大天使拉飛爾向人類報告：前不久天上發生戰爭，和一些叛逆的天使被遣入地獄，不得永生下場。

撒旦陰謀著對人類的顚覆。牠是最嫉妒人類始祖亞當和夏娃，牠恨不得用非常手段，將牠最羨慕的一對逐出樂園。撒旦是麻煩製造者，也是禍根設計者，亞當、夏娃不查，禁不起誘惑，可是神在天上看得很清楚。

這部偉大詩人幻想，把亞當與夏娃被逐出樂園後，再續篇章，把地獄裡火焰的深潭，天國中光明的原野，和老祖先所住的樂園，以璀璨的文筆與豐富想像力，一一呈現在我們眼前。

布雷克「撒旦要拆散人間佳偶」

布雷克的「失樂園」12幅水彩畫連作中，「撒旦要拆散人間佳偶」，那在幸福花園中，有著薔薇花瓣簇擁，如被羽毛、如棕櫚葉環抱的亞當與夏娃，夏娃正享受亞當深情的吻，及強而有力如日月星辰的永恆之愛，但撒旦決心讓他們失去人間最美好的。

撒旦被逐出天堂　杜雷作
1866年　蝕刻版畫・紙　30×45cm

撒旦被逐出天堂

在「失樂園」卷一中，自信能與上帝相抗衡的撒旦，原來也是大天使，後來他卻化身為蛇，反叛上帝，在杜雷「撒旦被逐出天堂」中，他和一群違背上帝的天使，正被正義天使逐出天堂而墜落地獄深淵。

那全能的上帝從天而降烈火；
把他們焚燒得從蒼冥中直墜無底深淵。　（I. 44-45）

撒旦勾結壞天使作亂

在第一卷開頭即寫道：
人因違抗上帝的命令偷吃禁果，
給世人帶來死亡的厄運，
也因此失去伊甸樂園而蒙受災禍，
直到一個偉人來拯救我們，
使我們重獲幸福的園地。　（I. 1-5）

那促使人偷吃禁果，違抗上帝命令的惡魔，便是撒旦，化身為誘惑夏娃的「蛇」。他原是大天使之一，卻暗中勾結許多天使想作亂，因而觸怒了上帝，把牠們趕出天堂，並以雷霆電火使牠們墜落地獄深淵。

那時天地尚未分開，還不能以天地的中間來設置地獄以降災禍，因此那地獄並不在天地的中間。然而地獄是個非常黑暗的地方，渾沌一片，撒旦和他的徒衆就跌落在一熊熊火焰的湖上，遭雷擊而驚恐不已。

那深淵有大於人間九倍的空間，這種火刑是給那些膽敢向神挑戰的予以嚴懲。在那裡，牠們都被金鋼鎖鍊牢牢鎖緊，九天九夜裡輾轉在烈火深淵中，備受煎熬。

在地獄建造魔宮・聚衆抗爭

在上帝為這些魔衆所設的地牢裡，那罪魁禍首撒旦口出狂言，聲稱牠絕不因此而悔恨或改變初衷：「從整體看，並未完全失敗；我們有不可屈服的意志、復仇的對策、不滅的報仇心和永遠不投降的勇氣。」

於是巨魔撒旦成為地獄的統領，牠召集會議，決議從新創的新世界和新事物著手，好東山再起。牠們並在地獄建造群魔之宮「潘地曼南」，並召集群魔來此商議大事。

撒旦對他們說：「據說如今天上盛傳一種謠言，說他要在那餘下的空間創造新境，並在那裡佈上他心愛的子孫，我們要細細地來觀察，那地方或許就是我們發難的地方，如果不是，也要另謀途徑。」

Doré
Jonnard

撒旦獨探新境　杜雷作
1866年　蝕刻版畫・紙　30×45cm

撒旦獨探新境

在第二卷開頭，群魔大會登場，撒旦提議要再興兵作亂，但大家意見分歧，於是撒旦又獻計說天庭有預言，傳說要創造新境地，賦予新生命，他建議可派人前去探個虛實、究竟，以求證是否眞實，或可佔領、合盟。

撒旦獨往探新境

但是因群魔都心生疑慮，因此人選非常困難，於是撒旦決定自己承擔起來，並要獨往，不容許別人跟隨。

這樣惡毒的計謀，
除了撒旦這萬惡的主謀人，還有誰能擬定？
竟想徹底搗亂人間，使他們昏眩，
把地球與地獄弄成沆瀣一氣，
僅僅只是爲了要報復那創造萬物的上帝。　(II. 444-449)

這群惡魔想要探知那裡住的究竟是何等生靈，是什麼元素造成的，他們的天賦稟性如何，又有什麼能力和弱點，看看可施行威力或是用陰謀引誘他們。牠們認爲，只有這遠離天國，交給管轄的人自個兒去警戒的境界，也許有隙可乘，卻又沒人願再去冒險犯難，撒旦只得親自出馬。

牠必須越過猖熾烈火、九層深淵，從堅固的地獄，跨出那帶有火焰、重大的金剛石大門，穿過那黑夜深深的虛幻境地，度過千驚萬險，才能抵達光明的新世界。

地獄之門開啓・飛奔而出

牠飛行了好久，仍能見到地獄的門關，高聳在那可怖的蒼穹底下，有一猙獰怪物看守，兩個魔神淩雲對峙，勢均力敵，難分勝負。經手拿地獄之門鑰匙的蛇尾女妖精提醒，天神只是想要他們同歸於盡而停手，原來蛇精竟是撒旦女兒，兩人亂倫生下那看門怪物，遂好言勸開了地獄之門。地獄之門啓開了，撒旦飛奔而出，經歷千辛萬苦的冒險。

用頭，用手，用翅膀，用腳，不停地努力向前行，
也正像那怪獸急急往前行，
或沉，或浮，或涉水，或匍匐，或飛行。　(II. 1093-1097)

撒旦穿過「洪荒」與「夜」的荒曠幽冥地，奮力奪路直往上騰昇，歷經千辛萬苦，冒著萬分危險獨探新境，終見曙光。

上帝預言人類將受誘惑　杜雷作
1866年　蝕刻版畫・紙　30×45cm

上帝預言人類將受誘惑

第三卷一開頭，上帝坐在天庭的座位中，看見撒旦飛向人類所居的新世界，便對坐在他右邊的獨生子耶穌預言撒旦誘惑人類必會成功。

他以正義與智慧來創造人類，讓人類具有足夠的自由與能力可以抵抗引誘。然而，上帝也宣稱人類被誘惑，並非撒旦能力可及，而是因他創造的人類內心，有被誘惑的特性所致，故特給予寬恕的恩德。

但上帝又說，這種恩德必須要有神聖的正義在人間受到伸張才肯施加；人有野心，冒犯了上帝，因此難免一死，而且這種罪將禍延子孫，除非有人願意代受刑罰。

神子願捨身為人類贖罪

於是，神子耶穌基督表示，願代替人類贖罪，上帝見他是誠心誠意的，便應允了他的請求。天上地上無不歌頌、宣揚他的名，上帝並命令所有天使都要聽命於他。

大家聽了無不歡欣鼓舞，全都對神子表示誠服，一時歌頌聲齊作，祝頌他們父子。歡呼之聲如雷，直達天庭每個角落，充滿了無際無邊的境地。

「失樂園」中寫道，因耶穌替人類贖罪獲得新生。他爲他們替死受審，因此證明「天上的愛遠甚過地獄的仇恨，因愛而死，因死而贖罪，要經過這樣大的犧牲，才能從地獄中的仇恨裡贖回。」

反觀猶在宇宙虛空中徘徊的惡魔撒旦，已收起翅膀，停留在一「繁華虛境」中，那是宇宙的外圍境界，什麼都無影無踪。而「那世界遠望像個圓球，接近時便是一片大陸，茫茫然沒有止境，是一片黑暗、荒蕪、曠莽。」

他在那邊漫遊了許久，才發現一道微光，牠加緊腳步遙望見高樓，又見到富麗堂皇的「天門」。牠正對這道門時，門從下方開啓，直通那幸福樂園之地，先通往錫安山頂，再通到上帝喜愛的「特許之地」（即今之巴勒斯坦）。

那出口廣大，直與『黑暗』爲鄰，
有如大海綿亙，劃分光明與黑暗的界限，
這時撒旦站立在天梯的下層。
那黄金天梯直上天門。

他由天門進入太陽球體，變身爲卑微天使前去問路，然後從黃道直向地球的外圍疾飛而去，得以直登上奈菲提斯山。

撒旦被守衛天使逐出樂園　杜雷作
1866年　蝕刻版畫・紙　30×45cm

撒旦引誘夏娃

在第四卷中，撒旦歷盡千辛萬苦，終於來到「伊甸樂園」這人間樂土，心中百般疑慮，百感交集，牠嫉妒、恐懼、失望，終於作出邪惡的決定，前往樂園。

而今卻變成了誘惑的罪人，
想把牠第一次戰敗的創傷
與地獄沈淪的仇恨，
都報復在那無罪的人間那些脆弱的人身上。　(IV. 12-15)

化身老水鴨坐在生命樹上偷窺

撒旦潛入園中，飛上生命樹，「像貪食的海鳥水老鴨那樣蹲著」四處眺望。那上帝在伊甸東區親自創設的樂園，是從巴勒斯坦、約旦河以東的胡欒起向東延伸，到希臘諸王建築的御塔席留西亞城所在地。

百種樹木中，有生命樹和智識樹，生命樹上仙果芬芳，而智識樹即是能辨善惡的樹，知善必然知惡，因此上帝不允許祂創造的人類吃禁果。除此之外，亞當和夏娃相依相偎，無比甜蜜的生活在伊甸樂園中。

男的由神而造，女的則由男而生，「男的要多謀而勇於求進，女的則要溫柔嫵媚，嫻淑宜人」。亞當額上分披著青色的捲髮，齊肩披下，氣宇雄偉。夏娃則披著金黃色頭髮，蓬散如紗罩下她的細腰間；長髮的情趣表示她的服從，尊重男性的權柄。「奇妙的是女的肯依從，男的則樂於接受她的依從。」那時兩人赤裸裸，毫無掩飾，心無邪念。

變獸形計誘夏娃遭天使逼退

以「不得已」作爲暴虐萬惡罪行的藉口，撒旦從生命樹爬下，「變成獸形，時而變成這樣，時而變成那樣，藉以接近他的犧牲品而不會被發現，想從他們的言行之中，細察他們的一切狀況。」因此撒旦決定誘惑他們，「激動他們的心，使他們增加求知的欲望，捨棄那妒意的命令，」去偷食那禁果而喪命。

撒旦被擒・踉蹌遁退

這時大天使尤利爾從落日下降，把白天撒旦欺騙了他潛入樂園一事，告知守門天使加伯利爾，他答應在拂曉前找到撒旦，派夜間守衛精靈巡視樂園四周，又命二位天使守望亞當與夏娃寢室。這時撒旦正在夢境中引誘夏娃，被天使抓去見加伯利爾，「便無話可說，喃喃而遁退；同時，夜的陰影也隨他退隱而去。」

拉飛爾天使告誡亞當　杜雷作
1866年　蝕刻版畫・紙　30×45cm

拉飛爾告誡亞當

第五卷開頭，第二天清晨醒來，夏娃迫不及待地告訴亞當她做了一個惡夢，撒旦化身蟾蜍貼近她身畔，施以魔法叫她產生幻象，向她灌輸「毒」計——吃了智慧樹上仙果後，人也一樣具有神的能力。

亞當聽了說：「你夜裡夢中有煩惱使我的心中也不安，這個怪異的夢，我討厭它；那恐怕是因惡念而起，然而，那惡念又是怎樣來的呢？」他也鼓勵夏娃醒來後便不需再理會它，也無須恐懼，並邀她一起迎向清新美麗的早晨。

上帝遣拉飛爾告誡亞當小心

他們虔誠而卑恭地作晨禱，被上天看到了，十分垂憐，便召大天使拉飛爾前去告誡亞當，小心撒旦的詭計多端，「以半日的時間與亞當作一番友善的晤談，」告訴他危險已經來臨，帶來危險的是什麼，用欺矇、誑言，暗中去誘惑他們。並讓他們知道，犯了天條是不會被原宥寬待的。

亞當對夏娃說：

夏娃，你快來看，
這是值得你看的，
看那東方樹林中，
有一個多麼光輝的形影在走動；
那像是正午的光芒，又像是早晨燦爛的陽光。　（V. 372-376）

亞當知道了是大天使拉飛爾來訪，「想必他是從天庭來的，給我們帶來了什麼重大的諭令」。因此，他和夏娃熱情款待他。在賓主共餐後，拉飛爾謹慎地提出警告：

你現在的幸福原是靠了神才有的，
但你要繼續擁有這幸福，卻要靠你自己，
也就是說，要靠你的服從心，
你必須拿定主意，不可動搖心意。
我給你的警告，你要牢牢記住。
（V. 601-605）

於是，拉飛爾爲了解答亞當心中的疑惑，不得不與他詳述撒旦及衆惡天使，因背叛上帝而與之爭戰，以及他怎樣知道伊甸樂園這個地方，又怎樣領著牠的叛軍退入北境，激起群魔興兵作亂等等。但其中有個叫亞布迪爾的精靈不肯背叛，並諫阻牠，而與撒旦絕裂。

撒旦原是大天使，因不滿上帝選了其子基督做萬王之王，高過他們這些天使們，而心懷不服，於是就鼓動大家謀反。亞布迪爾不畏暴力侵犯，群

逆不義，唯獨他忠心耿耿，身陷廣大虛僞之徒的圍困中，他既不動搖也不爲威脅利誘所屈，孤身離開叛軍營。

撒旦與群魔墜落地獄深淵　杜雷作
1866年　蝕刻版畫・紙　30×45cm

撒旦墜落地獄深淵

在「失樂園」的第六卷中，大天使拉飛爾繼續著他在伊甸園中與亞當的長談，一方面警告亞當危險將至，一方面解答亞當的疑惑，讓他知道撒旦是何許人，以及他有多可惡、可怕。

天使米迦勒領軍迎戰撒旦

天使米迦勒和加百利被天主指派去迎戰撒旦與牠的徒眾。「只見到處軍陣密佈，戰車如雲，刀兵猛攻，戰馬狂奔」，戰況激烈。大家並對未沈淪獨自歸來的天使亞布迪爾歡呼，他被引見至尊的神，獲得嘉許。

而今那叛逆不肯把公理正義之事看作是真理與律令，
更不肯把那眾望所歸的彌賽亞認作君王，
你可以武力強制那叛逆順命。

（VI. 41-43）

撒旦等狂徒竟妄想進攻神的山顛，兩方數百萬精靈凶猛鬥狠。天使長米迦勒與撒旦帶頭拼鬥，兩人首先交鋒戰鬥，無分軒輊，終究米迦勒的利劍把撒旦的劍劈成兩段，刺傷了牠，令撒旦初嚐敗績，苦不堪言。牠們節節敗退、傷亡慘重，個個驚惶失措，狼狽而逃。勝敗雙方都退到「夜」的昏暗中去。

撒旦連夜召開會議，謀思對策。於是隔天開戰時，米迦勒的軍隊先是小敗，但仍登上撒旦所佔領的山頭，戰事仍在進行著。

彌賽亞出征，大獲全勝

到了第三天，天神指派他的獨生子彌賽亞（即塗膏的基督）出征。他秉承其父威能，在戰場上要軍陣兩旁站定，他則獨自駕車親征。他手握雷霆之火，直入敵陣，銳不可當，使敵人無力反抗，被逼到極北的邊陲，而後天門乍開，群魔從天上一直沈淪，墜落地獄深淵、幽冥境地。而彌賽亞則凱旋回到天父座前。

「撒旦與群魔墜落地獄深淵」

杜雷插畫「撒旦與群魔墜落地獄深淵」，即畫群魔被彌賽亞率領的天兵天將們逼到「天境邊陲水晶牆下」，那牆自然地開了一缺口。

「於是，牠們全都從那天邊直往下墜，後面還有緊逼的怒火，迫使牠們墜入無底深淵。」終於地獄把牠們吞下，幾乎全部網羅殆盡。那是黑暗、幽冥、無底痛苦深淵。

上帝創造山川岩岸　杜雷作
1866年　蝕刻版畫・紙　30×45cm

上帝創造天地萬物

在「失樂園」第七卷中，亞當又請求大天使拉飛爾，為他講述天地初創的情景，以及上帝驅逐了撒旦和群魔後，宣佈祂要創造另一個世界，並創造了另一種生物居住在那裡。

大天使拉飛爾也講述了上帝派他的獨生子和天使們，在六天之內幫他完成了創造天地的工作，天使歌頌工作的成就，以及聖子再度昇天的情景。

大天使拉飛爾對亞當所問的許多事情，所解答的仍然有限，還有許多未開創的事，仍有待亞當自己去思考，並要求他對看不見的萬王之王，仍要心存虔敬。「等到經過長期考驗他們的虔敬後，那創造出來的地球也將變成天堂，天堂也可以改變成凡塵。」

上帝創造天地萬物

上帝並派遣他的聖子前去領管地球以及那無邊無際的深淵，於是聖子率天使們在「混沌」中創造了一個新世界，以手上金色羅盤針把宇宙定位，劃出一圓圈為界，創造了天堂——地球，而後才能創造萬物。

上帝說，讓這托於空氣中的地球有光，命名光明為白晝，黑暗為夜晚，因此，有了第一天的黃昏與早晨。

上帝又說，讓水域分開，水域上有蒼穹，於是有了海洋與天空。上帝又讓水與天空現在成為一體，而後出現陸地。隨即冒出了山的形象，山峰高聳入雲，直指天空，而山腰粗大，底部深入海底。

杜雷「上帝創造山川岩岸」

球體的陸地上塵土奠基，
海岸峭壁巉岩，河川洪流疾奔，
像軍樂聲中衝鋒陷陣的軍隊；
波濤一峰接一峰，流過平野，
流過的潮汐輕拍著海岸山岩。

（VII. 210-214）

第三天，上帝讓河川成形，大地綠草如茵，原野上五穀豐盛，樹上結實纍纍，花朵在枝頭綻放，使地球如同人間天堂，到處綠意盎然。

第四天分出日夜、季節……要周而復始。又創造太陽、月亮、星星。

第五天上帝讓水域繁衍了爬蟲類動物、大鯨魚、魚群、貝類、海豹、海豚等，創造了地上各種飛禽走獸。

到了第六天，上帝讓大地充滿了生靈，有爬蟲類和野獸、昆蟲等，多得令我們難以命名。最後，上帝創造了「有理性的，直立的動物」——人，也就是亞當。

C. LAPLANTE

大天使的告誡

大天使拉飛爾對上帝創造天地萬物的陳述，聽得亞當目瞪口呆，但他心中仍然有話要問，仍想多聽些什麼。因此，在「失樂園」第八卷中，他想知道的更多，如天體的運行、他的創造過程，怎樣被置於樂園之中，以及如何與夏娃初遇、結合，還有天使告誡的內容等等，亞當想留住拉飛爾，以便知道更多。

無字天書・奇妙無窮

大天使拉飛爾對亞當關於天體運行的懷疑，做了簡明的回答。「因爲天上的事對你來說，是一本無字天書，這是上帝的創造記載，讀起來奇妙無窮。」

造物主的天庭是浩瀚無邊的，
人類不能揣度它的極限，
地球與天庭相比是無足道的，
因爲地球只能說是一個小點；
在環形的軌道上有數不盡的星宿，
它們運行的速度也非凡間事物可比擬。　（Ⅷ. 65-70）

大天使說亞當只要知道他居住的是地球，上帝雖在遙遠的天庭，仍無礙於祂的恩澤惠及人類。「天上的父藉太陽的力量來行使他的權與能。」勸亞當應滿足現有環境，盡情享有這樂園與美麗的夏娃，天上的事太遙遠、太高深，不是他的智識所能了解。

地上的僕人・腐朽中造神奇

大天使告訴亞當，上帝以祂那俊美形象創造了他，賦與他每句話與動作都很優異，他是祂地上的僕人，上帝以他爲榮，永遠愛人類，從腐朽中創造神奇，又派天使來告誡他切勿偷嚐禁果。

而夏娃則是要與他作伴，使亞當喜悅、繁衍子孫的，那是與他相像，對他有幫助的「另一個你自己，正是你心裡所希望與熱望的。」上帝把亞當身上的一條肋骨，變成美麗的夏娃，做他的妻子。

杜雷「亞當與夏娃送別拉飛爾」

大天使拉飛爾在落日時分起身告別亞當與夏娃：「你們要活得堅強，活得愉快，活得有愛；而最重要的是，要服從你所愛的造物主的命令。」

他們就這樣分手了，杜雷畫「亞當與夏娃送別拉飛爾」中，大天使拉飛爾從厚厚的雲層中升空而去，亞當和夏娃則進入他們的住室。

亞當夏娃偷嚐禁果　杜雷作
1866年　蝕刻版畫・紙　30×45cm

亞當夏娃偷嚐禁果

米爾頓的筆鋒一轉，進入「失樂園」故事最高潮，也是最關鍵的一幕：撒旦誘惑夏娃偷嚐禁果，夏娃又慫恿亞當也嚐了禁果，註定了人類沈淪墮落的悲慘命運。

在第九卷開頭，米爾頓便直接切入這「人類的一場悲劇遊戲」。撒旦趁入夜後，變成一條蛇，潛入樂園，並睡在那兒，伺機而動。

撒旦花言巧語計誘夏娃

第二天早晨亞當和夏娃起身外出工作，夏娃建議分開幾處工作，本來受到警告的亞當不同意，惟恐敵人單獨誘惑她，怕她出事，遭遇危險。但夏娃不理會他這種太過謹慎的想法，也想試試自己的能耐，亞當只好答應。

惡魔撒旦就等著夏娃獨行，牠慢慢接近她，以蛇身蛇形開始牠那狡詐的花言巧語引誘她。夏娃驚異於牠竟能從啞言說眞人話。於是那蛇說出牠是吃了智慧樹上的甜美果實，而能說人話具智慧。「從此，我的思想深刻，對事物的看法異於以往。」並引夏娃來到智慧樹下，她發現那棵被禁止採食果樹，是「災禍根源」。

蛇以牠吃了禁果後並未死去且「活得更完美」來引誘夏娃，而且「將從人變成神」，能分辨善惡。禁不起誘惑的夏娃，終於忍不住偷吃了禁果。「她像酒醉一般，若癡若狂」。

夏娃偷嚐禁果・亞當失望落淚

夏娃偷吃了禁果後，決定「亞當要與我禍福與共」。她去找亞當，告知他那蛇因嚐了禁果，不但沒死，反而會人語，有了人類的意識。牠影響了她，她也吃了那禁果，也產生了辨別能力，眼更明亮，耳更聰敏，靈性比較高，心胸也比較寬大，而且有了一副「神的頭腦」。但是，「沒有你，這一切都沒有意思」，她要亞當也嚐禁果，「我們將同享快樂。」

亞當知道夏娃受了致命的襲擊，他驚愕不已。害怕失去夏娃，又想與她禍福與共，自求補救，「我們是不可分離的，我們是二位一體；同一個肉體，失去了你也就沒有了我。」這種無可彌補的過失，竟然相互取得了諒解，他爲她的溫情克服了，他終於也嚐了禁果。

因此，惡侵入了他們的心，懂得了羞恥，不願裸體。杜雷畫「亞當與夏娃偷嚐禁果」，吃了禁果後，他們相互指責、虛擲時光，忿怒、仇恨、懷疑、騷亂，使他們懊惱地淚如雨下。

亞當，你在那裡？　杜雷作
1866年　蝕刻版畫．紙　30×45cm

上帝的審判

守護樂園的天使們知道亞當與夏娃犯罪後，回到天堂去覆命，雖也同情人類，卻更氣撒旦的惡行。但一切均在上帝掌握之中，「人類註定是要受誘惑的，相信撒旦的謊言而反抗他們的造物主。」

上帝言明：「我無法挽回他們的墮落，也不能稍減他們的自由意志，而是讓他們自己來作選擇。而今，他們既然墮落，那又有什麼辦法呢？他們的犯罪判他們死亡。」

杜雷「亞當，你在那裡？」

上帝對樂園中的亞當與夏娃呼喚，杜雷畫「亞當，你在那裡？」亞當與夏娃已知羞恥，躲在密林中羞於面見上帝，一方面因裸體，另一方面也自知有罪，所以當上帝的聲音由風傳送過來時：「亞當，你在那裡？」他們才很嫌惡、不滿的出來。「顯然他們是有罪，內心羞愧、動搖，處於絕望中，且又忿怒、頑強、仇恨、虛假與狡詐。」坦白承認自己與妻子的罪。

上帝的審判

夏娃仍辯稱：「都是蛇誘使我吃了禁果。」上帝對蛇說：「你是罪惡滔天，從今以後，你必須以腹部著地在原野爬行，你的一生以吃塵土過日。你與女人之間永懷敵意，子孫間也永遠仇恨不斷。」

上帝對夏娃說：「你會因你的複雜情緒而哀傷不已，你的孩子也一樣，你要臣服於你丈夫，永遠受他管束，不可踰越。」

上帝懲罰亞當說：「你將終生憂患不已；一生命運乖戾，在田野終年辛勞，要從汗水中賺得麵包吃，而且你以後有死亡，也要回歸泥土去。」

「罪」與「死」已來到人間

他們在「人間」與「地獄」間築路架橋，因此能來去自如。

撒旦回到地獄群魔殿後，大肆吹噓他誘惑人類犯罪成功的事，但牠們突然間全都變成了蛇，命中註定牠們要在樂園中作蛇類，並誘使牠們吃一株空虛樹上的禁果，實際上吃的是污土與穢塵，牠必須忍受數次脫皮而死。

後來，上帝命聖子收復了「罪」與「死」，命令一切恢復舊觀。亞當看到樂園不再歡樂，深自懺悔，「但願世世代代不再繼續這罪惡的懲罰，一切都由我來承受。」他們重振家園，伏地懺悔他們的罪過，淚流滿面地祈求上帝的寬恕，大聲祈禱。

人類造諾亞方舟　杜雷作
1867年　蝕刻版畫・紙　30×45cm

大天使米迦勒預示未來

亞當和夏娃虔誠地俯伏祈禱聲，感動了天上聖子，祂向上帝報告並爲他們求情：「他們的墮落乃是無辜的冒犯，現在他們在虔誠地祈禱」，祂將以死來爲他們贖罪。

米迦勒把人類驅出樂園

上帝接受了他們的祈禱，但宣稱他們不許再住在樂園裡，「我罰他們走出樂園，去辛勞耕地謀生」，並派大天使米迦勒去懲罰人類，及防禦惡魔撒旦的再度入侵。

亞當雖在愁苦中卻有了新希望，因爲上帝允許他綿延生命，只要他們虔誠祈禱，將來尚可進入天堂。大天使米迦勒已來到亞當面前，他以人形來與人類交往，但他身著戎裝，手持利劍，英武勇猛過人。

米迦勒告知亞當，上帝派他來驅逐他們，帶他們到可居住的地方去耕地謀生，繁衍後代。那地方雖是蠻荒之地，只要他們虔誠向上帝祈禱，事情仍有改觀餘地。他並施展魔力使亞當看到未來一幕幕幻象，教導亞當自然生存之道，讓他看到死亡、仇恨、貪婪、殺伐，也看到歡樂的愛與青春，充滿希望與平靜，命運無所不包。然後，人類掀起帳篷，走到山上去，伐下巨木，開始造一巨大方舟。

杜雷「人類造諾亞方舟」

杜雷「人類造諾亞方舟」中所畫，長、寬、高的容積大得可以容納許多人與動物，並可貯存足夠的糧秣。每種動物、鳥類和昆蟲都成雙成對地放進方舟裡，安頓得井然有序。人類最後的祖先和他的三個兒子，及他們的四個妻子，都住在這巨大方舟裡。

上帝以洪水氾濫、無邊無岸，人類沈下海底，剩方舟上的人類及生物。

大天使除預示人類的毀滅，並預示「光明之子」救世主在黑暗世紀造奇妙的方舟，以拯救人類及其他生靈。

救世主拯救人類・以維正義

救世主騎著他插有羽翼的座騎，
與上帝同行，來解救世人，
降福人間，爲人間贖罪，解除死亡的痛苦；
唯有期望你歸向善心，
接受懲罰，以維正義。

（XI. 401-405）

大天使米迦勒鼓勵亞當說：「你心所願，上帝必將允諾；人類的懺悔與憂傷將感動上帝。」上帝終將給這世界帶來彩雲，賜給人類白天與黑夜，春耕與秋收，在天地之間永存正義。

摩西頒布十誡　杜雷作
1867年　蝕刻版畫・紙　30×45cm

亞當與夏娃被逐出樂園

在「失樂園」第十二卷中，大天使米迦勒繼續向亞當敘述大洪水後，人類第二度家系發展的故事，也就是亞伯拉罕的事。

他們敬畏上帝，對正義非常關注，在家族父系的家規下，過了長期的平靜生活。直到有一天有個心懷野心的人出現，他不滿平等互愛的部族生活，專制統治其他兄弟而引起戰爭。

他反叛上天，是上帝面前敢於狩獵及拓充領土的強人，專橫傲慢加諸人身，從此人不再自由，更以高聳的尖塔直逼上帝，向神挑戰。強權壓制裡性，反叛上帝的審判。

上帝選民亞伯拉罕

他的一位與他權勢不相干的子孫，造了一隻方舟，他不屑於他父親的劣行，對受害族人發重誓，要做萬衆的僕人。上帝也鄙棄他們，讓他們自我毀滅，祂只選了一個族人，忠誠的人類要由他來繁衍。他帶著方舟裡的一切，跟從上帝的指引，來到一個不知名的地方（迦南），他的子孫在西奈，從此以後，地球上的國度都是他子民的天下，稱之為「虔誠的亞伯拉罕」。

他的子孫從迦南向外發展，到達尼羅河畔的埃及，王國稱霸一方，把來訪的人當奴隸，殺害奴隸的男嬰。

直到後來有兩兄弟摩西與亞倫，是上帝派來的，要族人懷著榮耀心回到被允諾建立家園的地方，卻不被接受，而使族人受可怕懲罰。

後摩西借上帝之力，以杖擊地使海水裂開，讓逃亡傷患快速通過。有白雲與火柱引路，終使這批上帝的選民回到殘破的迦南平原。從荒野建起家園，從十二個部族選出長老建國。

杜雷「摩西頒布十誡」

杜雷畫「摩西頒布十誡」，上帝在雷電交加與號聲中降臨西奈聖山，親向摩西頒布「十誡」，要上帝選民遵從。他們叫摩西表達他們的意願，那可怕之聲才停止。

米迦勒一直說到救世主耶穌的誕生以拯救亞當及他的子孫，然後他們從觀望幻景山頂離開。亞當叫醒夏娃，他以甜美的夢境教夏娃領悟善境。

亞當與夏娃終被逐出樂園

在光芒四射中，所有天使都下來揮起火焰熊熊的火劍，東門開啓，大天使帶頭，亞當和夏娃手牽著手從東門經由伊甸，踏上孤寂的旅程。

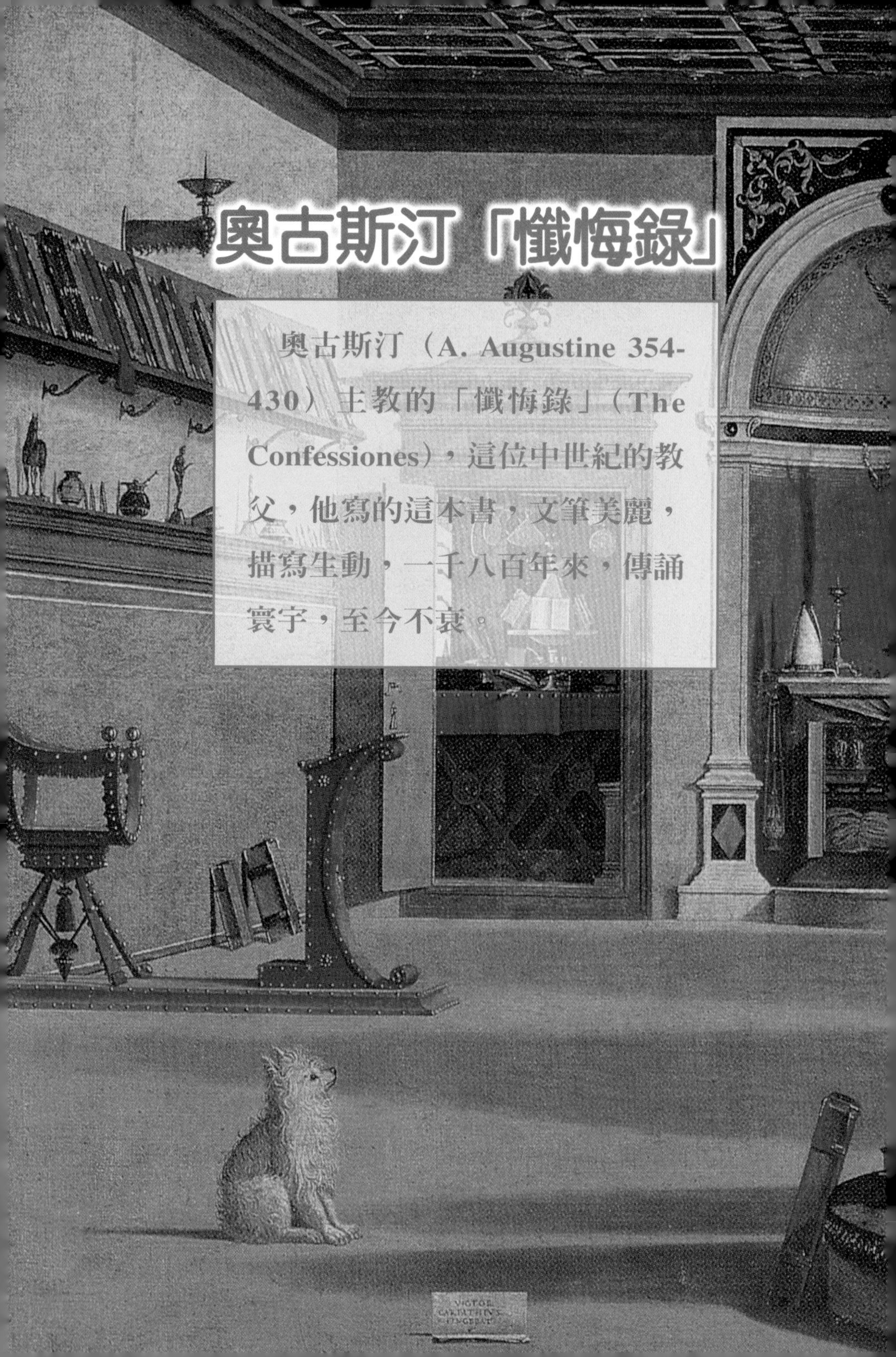

奧古斯汀「懺悔錄」

奧古斯汀（A. Augustine 354-430）主教的「懺悔錄」（The Confessiones），這位中世紀的教父，他寫的這本書，文筆美麗，描寫生動，一千八百年來，傳誦寰宇，至今不衰。

P44・45
奧古斯汀幻視　卡爾巴喬作
1507年　油彩・畫板　141×210cm
威尼斯・藝術學院美術館藏
書房中奧古斯汀　波提且利作

因爲奧古斯汀的生平，是由極端放蕩轉變到極端虔敬，充滿了戲劇性情節。

他素有文學的修養，在轉變之前專心致力於修辭學，曾爲修辭學教授多年，所以在文與質方面都做到了完美的境地。

宗教的經驗，人生的奧秘，時代的思潮都薈萃在此書中，所以近代大文學家爭相倣效，作品層出不窮。

波提且利「書房中奧古斯汀」

奧古斯汀，可能是基督教會中最著名和影響最大的神學家，曾在北非希波任過主教，是拉丁四大教父之一。他經常穿著主教服，戴法冠，手持聖杖，內著僧衣，外罩聖袍，頭戴主教冠，手捧聖經（有的在讀聖經），留著已發白長鬍，這是名畫中常可見到的奧古斯汀造型。

奧古斯汀大概是基督教認同聖徒中著作最豐富的一位，很多藝術家都把他畫在書房中，埋首著述，像波提且利畫「書房中奧古斯汀」即是一例。

波提且利的奧古斯汀畫像，也畫出了那股堅強、剛毅、果敢、固執的本性，陷入沉思，從書中悟出的打從內心的懺悔。

根據奧古斯汀自己提出「修訂」版完整的著作，至427年就有93種，其中還不包括書札和佈道言論。但這一些著作中，最被傳誦或者代表作，應該是「懺悔錄」。

「承認、認罪」的懺悔

「懺悔錄」，原名Confessiones，古拉丁文是「承認、認罪」的原意，但在基督文學中，則轉爲承認神的偉大，和歌頌上帝的意思。

奧古斯汀　維茲作
1435年　油彩・畫板　103×82cm
迪昂美術館藏

其實奧古斯汀當時在寫作時，敘述一生蒙受天主的恩賜，打從內心深處的虔誠感動，對天主的歌頌。

因此，在藝術創作中，畫家最常以在書房中沈思、閱讀或寫作的場景，來表現奧古斯汀，如卡爾巴喬「奧古斯汀幻視」、波提且利「書房中奧古斯汀」等作。他常身穿主教袍服，威嚴虔敬。

懺悔昨日才有今日新生

奧古斯汀「懺悔錄」，全書共有十三卷，如果從書的內容來區分，可分爲兩部分：

卷一至卷九，是記述他從出生至卅三歲母親病逝時，那一段內心掙扎與痛苦的過程。

卷十至卷十三，寫出他在寫作此書時，也就是西元400年代，奧古斯汀升任主教之後，即395年或396年至401年間，個人心路歷程的轉換與心得，這個心得偏重對宗教的領悟與神會，總括的結論是懺悔比什麼要多，有了懺悔昨日，才有今日的新生。

第一部分的第一卷，歌頌天主，也記述十五歲前的事蹟，這種從出生到少年，從無知到初識人間，誠如他對天主的虔信，就像一片青嫩綠草，接受陽光、雨水……滋潤，漸漸肥沃，開始可以承受天然侵襲，甚至摧殘。

第一卷的「懺悔錄」，前半部的向天主祈禱詩，後來很多被出版成類似「清晨雨露」、「每日一禱」、「感恩禱詞」……筆記書最佳資料。

引用舊約與新約不同角度

第一卷的第一句話：

「主啊！祢是偉大的，祢應接受一切讚美；祢有無上的能力，無限的智慧。」

如果我們看「舊約．詩篇」第144首3節：「主啊！人算什麼，祢竟關懷起他來？必死的人算什麼，祢竟眷顧他。」

146首5節：「那得到雅各的上帝幫助的人多麼有福！那投靠上帝——他的上帝的人多麼有福啊！」

奧古斯汀在他的「懺悔錄」中，引用「舊約」或「新約」，在我們所見譯文中多少有點出入，因爲奧古斯汀用拉丁文寫，輾轉譯出，出入頗大。

有時常有倒過來說，或是肯定語，變成問話，有時對照他的引用語，倒可知道奧古斯汀對語彙的運用熟練。

像他在第一卷中說：「誰追尋上帝，就將讚頌上帝」。這句話是引自「舊約．詩篇」：「上帝爲什麼讓邪惡的人活著？爲什麼讓他們享長壽、興旺、發達呢？」

原來是疑問號，不能肯定，但奧古斯汀卻用肯定語。

他又說道：「因爲追尋上帝，就會獲得上帝，獲得上帝，也就會讚頌上帝。」

克利威利「聖母子加冕」

在中世紀祭壇畫中，奧古斯汀經常

聖母子加冕　克利威利作
（左爲奧古斯汀）
1488年　油彩・畫板　191×196cm
柏林・國立繪畫館藏

和彼得、法蘭西斯、安德烈等幾位聖徒，並列在聖母子聖座二旁，克利威利畫「聖母子加冕」最左那位即是奧古斯汀。

母教深情如海

奧古斯汀的宗教信仰，與他所受的母教關係深遠又深刻。

第一卷第十一節裡記述：「我的童年已經聽到我們的主，天主謙遜俯就我們的驕傲而許諾給與的永生。我的母親是非常信望祢（你）的，我一出母胎便已給我劃上十字的記號，並受到你的『鹽的洗禮』。」

「鹽的洗禮」另類入教洗禮

這裡所謂「鹽的洗禮」，這是當時對有志奉獻基督教者，舉行的一種宗教儀式，這儀式名叫「望教者」，它又不是正式入教的洗禮。

儀式是主持聖禮者以手指在望教者的額上或胸前畫「＋」，並以少許食鹽置於望教者的口中。

在奧古斯汀所著「論怎樣向不明教義的人講授教義」一書中，也提到此教儀式。現代天主教「洗禮」，也保留了一些這種儀式的痕跡。

奧古斯汀童年時，由於胃痛全身發熱，瀕於死亡邊緣，他的母親在絕望中求助天主，接受天主「洗禮」。

他母親看到愛子高燒不退，願意用她純潔的心靈，將孩子永生的生命投注在對天主的信仰中，她急於準備得救的「洗禮」，希望孩子信主耶穌，獲得罪惡赦免，奇妙的是，胃病霍然而癒，「洗禮」因此終止。

好像他仍然活著，就仍然必須接受罪惡，因顧慮接受「洗禮」後再陷入罪穢，罪責將更嚴重，危害性更大。

前塵未清遲未受洗

他的延遲受洗，是因信仰的忠貞不夠嗎？他在「懺悔錄」上說：「我求你，我願知道爲何我延遲受洗，是否爲我的利益而放鬆犯罪的羈絆？就像我至今仍聽到有人對某人這樣說：『聽憑他，由他去做罷！他還沒有受洗禮呢』，也許是讓他再受些傷，因爲他還沒有痊癒。」

前塵未清，再給他多些時間，讓他調理清，全心全意可以無悔時再接受「洗禮」，才是眞正洗禮之日。

皮耶卓「莫妮卡帶他上學」

皮耶卓（N. di Pietro 1394-1427）藏於梵諦岡美術館「奧古斯汀傳奇」組畫第一幅「莫妮卡帶他上學」，他母親雖把他送至天主教學校，希望嚴格校規能約束他，但恰恰相反，他討厭上學，喜歡踢足球。與同學玩遊戲時他愛捉弄同學，在學校是有名的問題學生，常讓老師頭痛、傷腦筋。

莫妮卡帶他上學　皮耶卓作
1412年　蛋彩・畫板　40×27cm
梵諦岡・彼蒂宮美術館藏

叛逆青澀青少年

奧古斯汀小的時候，父親脾氣非常暴躁，生活沒有規律，卻有位忍辱負重的好母親，更跟她學會向神祈禱。

他的「懺悔錄」上說道：「當我學會說話，她就教導我向——我的神禱告。因此，在我吸吮母乳的同時，也吸入了我的救贖主——『耶穌基督』那美好的名字。不論我日後變得多麼壞，我也忘了這名字。母親還教導我敬畏神及永遠的審判。這也是後來，終於能把我從地獄之門拉回的基本原因。」

荒唐無知混沌歲月

奧古斯汀念小學時，愛踢足球，不愛念書。他怕挨打，拼命禱告，祈求神讓他免受鞭打。

課堂上老師講那些希臘羅馬神話中的荒唐事，他也有嘗試的企圖。他雖然以第一名畢業，家人親友的誇獎卻當做沒聽見，自己朝向通往地獄的大道跌了進去。

十六歲時他遠離家人，進入住宿學校，結交壞朋友，沉溺於歡樂萎靡荒唐歲月，青澀混沌，叛逆青少年，沉溺情慾，在罪惡、慾望、不潔的行為中沉淪。然而，他的罪惡行徑並沒有讓他覺得快樂，相反地日益麻醉、煎熬、痛苦，越陷越深，無法自拔。

畢竟從母親渴望與失望的眼神中，他捫心自問，自己為什麼變得如此令愛他的人失望，他無法得到安息，若是當時有人提醒他說：「清心的人有福了，因為他們必得見神。」那該多美好啊！

初中念完後，他沒地方可去，便待在家裡，遊手好閒，父親也疼惜自己兒子，設法籌錢想送他入迦太基大學修法律。母親看見自己心愛兒子，瀕臨地獄的邊緣，憂心如焚。

他每天晚上都和朋友在外面遊蕩作惡，如果不與他們同流合污，自命清高的話，反而會遭到排擠。為了逞一時之強，經常作惡多端，有時明明知道不可作的事，卻偏偏要冒險一拼，甚至大夥洋洋得意，吹噓自己的爛作為，壞事作盡，環境容不下他，他也容不下這環境。

「在園裡悲泣奧古斯汀」

文藝復興前派畫家安琪利科（Fra Angelico 1400-40）有幅「在園裡悲泣奧古斯汀」，在他的住處附近有塊果園，裡面種了很多梨樹，樹上結滿了果子，他跟那些壞朋友深夜潛入人家果園，偷偷把成熟水梨偷採下來，裝

在園裡悲泣奧古斯汀　安琪利科作
油彩・畫板　22×34cm

滿好幾袋，嚐也不嚐，就把它倒進河中，讓水漂走，任人家辛苦栽種的水梨，因找不到工人採收，二位老夫妻的體力有限，他們竟在一夜之間，把人家賴以維生的果子，糟蹋殆盡。他的母親知道後祇能痛哭，不知自己造了什麼孽，讓他這般踐踏這樣辛苦老農心血。

奧古斯汀自己良心發現，他躲在園中，低頭禱告，他說：「神啊！這就是我的心。我並不想在罪惡中得到益處，只是爲了作壞事而作惡。」

奧古斯汀教授修辭學　皮耶卓作
油彩・畫板　33×26cm
梵諦岡・彼蒂宮美術館藏

「懺悔錄」上優美修辭學

奧古斯汀夥同壞朋友，潛入老夫妻果園，把人家賴以維生待收水梨，盜採後倒入流水中。他母親知道後，難忍自己怎麼會生出如此敗壞家門的兒子而悲泣，只得自己拿私房錢出來賠給人家。奧古斯汀知道後，沒有表示悔改，但私下跑到果園樹下痛哭，他知道自己犯錯，母親沒有責備他，卻深責自己沒有教育好他而痛心，他知道母親強忍痛苦，希望能得到神的諒解與幫助。

奧古斯汀於十七歲時進入迦太基學院，學校在海港邊，那兒太容易犯罪了。四處充滿情慾、淫猥，他其實是沒有愛的對象，祇是想愛就愛，他的愛也不過是情慾而已。他實在並不快樂，身心憔悴，心靈早早死光光。

母親的禱告・浪子回頭金不換

沒有跌入深谷的人，不知回頭路途的艱辛與可貴，他忽然覺得那些愛鬧事的同學是那麼地可惡時，學校裡有一班叫「顛覆者」，總愛起鬨、鬧學潮、搞暴動，甚至衝進教室，把不喜歡的教授趕出教室。他厭惡他們，甚至同情被趕出教室教授，沒有狼狽爲奸，甚至知道作惡同學如魔鬼。

廿歲，是他重新出發的一年，教授能教給他的，他不但心領神會，私底下對文學、哲學、類學、神學……，等的興趣並不亞於主修的法律。

在他浪子回頭時，母親最高興，但她卻沒有喜形於外，僅默默禱告。但他的父親病重危急時，他不知道該作什麼可以讓父親瞑目於地下，他信從了主耶穌，他父親也在臨終前，受浸歸入主耶穌名下。

喜愛「先知書」與「雅歌」

有一天他在圖書館裡看到了西塞羅（Cicero）的「荷登休斯」，那優美的文筆與辭藻，勸人們要超越肉體的享樂，追求神的智慧和愛。這本書讓他再一次渴慕聖愛之神，他尤其喜歡聖經裡那先知的智慧之言。

他看「先知書」、「雅歌」，體會修辭學的精深與奧妙，他自己再旁引、推敲，每日埋在圖書館裡，看的不是法律書，竟日苦讀先賢智慧書。

父親去逝後，母親也沒私房錢，無能力供他念書，他離開迦太基，回到家鄉，看到那麼多優秀青少年，他們正準備受洗，準備當基督徒，他知道這些失學人沒機會受教育的痛苦。於是他借了間房舍，辦起學校，爲家鄉人講解自己最拿手的「修辭學」。

「奧古斯汀教授修辭學」

在皮耶卓的「奧古斯汀傳奇」組畫中，有幅「奧古斯汀教授修辭學」的畫面，那是他熱心爲故鄉人講解修辭學情景。講台上的奧古斯汀與台下聽講的鄉親，年齡相仿。他奉獻自己所精，與故鄉人、世人分享修辭學的精深。他的「懺悔錄」中可以看到那神奇與美妙功力。

永遠不放棄希望的母親

奧古斯汀青少年時代，過的荒唐、愚昧、無知生活，比起進取、求知、好學日子，幾乎不成比例，每次他的母親對他失望時，沒有責罵，沒有生氣，反而引起他的不安，他甚至幻想如犯錯遭母親鞭打、體罰，那就表示母親在乎、認眞，但，他最親愛的母親祇是強忍淚水，獨自悲泣。

母親為兒子眼淚永遠不會白流

他在「懺悔錄」上，「母親的禱告」中說：「豐滿愛的神啊！我這樣背棄了你，你卻未曾捨棄我，你聽了我母親的祈禱。母親爲我靈魂滅亡而痛苦流淚，比那些因愛子去世而傷痛的母親，還要傷心難過。那時候，我已經成了一具沒有靈魂的行屍走肉。母親每天每日，無時無刻，都爲我禱告。她禱告時總是俯伏在地，流淚不止。而你——慈愛的天父啊！你並未看輕她的眼淚。」

一天，她去見主教，請主教能開導她的兒子，主教對母親說：「現在還不是時候，他現在還對自己學識沾沾自喜；這時候任何人的話，都聽不進去。」

祇有母親知道自己兒子需要靠神的助力才能得救，母親並不灰心，同時淚如雨下，主教看在心裡，對她說：「妳先回去吧！妳的眼淚是不會白流的，妳的兒子會回來的，有救的。」

欺騙母親攜伴到羅馬

迦太基的學生越來越放肆，罷課、示威、搗亂，簡直沒心上課。他聽朋友說，羅馬的學生安分多了，他決定前往羅馬。母親知道他要離開，萬分不捨，跟在海港邊，依依不忍離開，他祇好對母親說：「媽，我祇是來港口向朋友道別，明天他就要離開了，那邊有座教堂，您就先去禱告，明早我到那兒接您。」

天啊！他欺騙了自己的母親，欺騙了這般相信他的母親。他卻帶著同居女人，離開羅馬。次日清晨，當母親發現兒子沒有到教堂來會合，知道被騙時，痛不欲生。

安布羅吉歐「奧古斯汀的離開」

安布羅吉歐（P. di G. Ambrogio 1410-49）至今仍難解讀的畫作「奧古斯汀的離開」，畫中奧古斯汀已站在海中划行的小舟上，欲出發去羅馬，他的母親莫妮卡（Monica）及其它人在岸邊揮手道別。海中有一艘大船正在卸下穀物，不知是否欲搭載奧古斯汀，

奧古斯汀的離開　安布羅吉歐作
1430年　油彩・畫板
柏林・國立繪畫館藏

或只是點綴畫面。岸上數人正交頭接耳地議論著。

奧古斯汀向母親說是要上大船去向離開故鄉朋友道別，事實上他欺騙了母親。古時港口沒有上船跨橋，需要靠小船接應上下船。站在他旁邊是他同居女子。

有的畫冊倒說這幅畫，是他要前往非洲傳教，母親前來送行。

認識安波羅修主教

奧古斯汀在米蘭認識一位主教，他的名字叫安波羅修（Ambrose），他是很有名學者，也是位演說家。

他原來是位士兵，自己努力潛修，因爲表現傑出，被派到義大利北邊擔任總督，很多慕其道者很崇拜他。

有一天，米蘭主教死了，教友們聚集在教堂前準備選新主教，意見很多彼此不相讓，這時安波羅修總督走了進來，站到講台上，大聲呼籲：「身爲基督人，應該給外拜人一個表率，怎可如此走樣？」

忽然之間，大家靜下來，彷彿是神的指示，一位小孩大聲說：「我們請安波羅修當我們主教！」

群衆也高呼：「請安波羅修擔任主教！」安波羅修大聲說：「千萬不可以，我祇是很普通基督徒，我們要選受大家仰慕主教。」可是大家還是要安波羅修擔任他們的主教，甚至跟到他家，一直到他答應爲止。

當夜，安波羅修找來一匹馬，悄悄騎馬準備離開城，但他騎了一整夜，心想自己應該遠離米蘭了，沒想到天亮時，才發現自己迷了路，自己還在米蘭，於是對自己說：「看來是神的旨意了。」

安波羅修引領進入真理世界

奧古斯汀認識安波羅修時，他已是主教了，他開始參加聚會，聽安波羅修講道。他聽他講道，欣賞他講道方式，也從他每次強而有力的舉證中，相信信仰眞誠事實。

他母親聽到他信服安波羅修主教，笑得像天使般，從故鄉千里迢迢來到米蘭看他。她說：「我相信在他有生之年，主耶穌基督會使你成爲忠心愛主的聖徒。」

母親陪他一起聽安波羅修講道，把他當神派來的天使，奧古斯汀欣賞安波羅修每次明明白白講的「眞理」驗證，那是永遠無法改變的眞理。

後來，上帝啓示了他的靈，他漸漸明白人不能憑著天然的智慧，就能認識上帝智慧，也需要靠自己啓示與引導亮光的明燈，這人是誰，就是安波羅修主教。

奧古斯汀卅三歲時，全心全意準備受浸，安波羅修主教親自向他講解信心的奧祕。現在，他像躺在母親懷中的幼兒，盡情吸吮母親的乳汁。

皮耶卓「奧古斯汀受洗」

皮耶卓在「奧古斯汀傳奇」組畫中的「奧古斯汀受洗」，畫的是赤裸裸

奧古斯汀受洗　皮耶卓作
油彩．畫板　39×27cm
梵諦岡．彼蒂宮美術館藏

站在洗禮池中的奧古斯汀，接受米蘭主教安波羅修行施洗禮。跪在一旁觀禮的是母親莫妮卡。

矢志基督徒為志業

奧古斯汀受洗是在西元387年的復活節前夕，之後他決定回非洲老家，於是他跟母親來到羅馬的奧斯第雅港口，在那兒等船時，母親對他說：

「兒啊！我在世上已無所煩、無所求、無所依戀了。我最盼望死前能看到你成基督徒，現在主已應允了我的禱告，甚至超過我所祈求的。我隨時可以去見祂了。」

過了幾天，她病倒了，奧古斯汀坐在床榻旁陪母親，她對他說：

「兒子，你就把我葬在義大利罷！」

奧古斯汀問母親：「難道您不希望葬在非洲老家嗎？」

母親回答說：「葬在那裡都可以，已不重要了，但請你以後有聚會禱告時，不要忘記我。」

成全母親願望．祇有禱告

奧古斯汀在母親每日禱告中成長，祈求他早日成長，祈求他遠離罪惡，……一直到他受了洗，正式成爲基督徒，她知道自己已無所求，放心到主那兒去了。

奧古斯汀年齡越長，願意一生忠心侍奉主，侍奉神也服侍神的子民，他們讀了「使徒行傳」，知道原初的基督徒都是一起生活、分享所有，甚至變賣財產，把錢分給貧窮的人。

奧古斯汀說道：「眞正應當過的生活，是把讓人拖下地獄的金錢慾望，如果一無所有，才是自由之身。」

眞正的福音生活，立志要赤貧、純潔、簡單、順服的生活。什麼是屬靈的生活呢？禱告、讀經、工作……。

制定天主教規範的主教

奧古斯汀在西元393年，定陞爲主教，他的職務除主教的一般職務講道外，還協助注解聖經，他陞主教頭幾年，就發表「天主教的教規」及「愚笨人的要理」。

皮耶卓「奧古斯汀頒布教規」

皮耶卓「奧古斯汀傳奇」組畫中，有幅「奧古斯汀頒布教規」，那是他向天主教教僧頒布教規，他攤開一本經書，闡揚其中法規與教義。

天主教教規在397年開始擬寫，但久未完成。奧古斯汀矢志完成，他認爲教規的根源，是啓示於聖經，因此必須從聖經中找到所包含的，然後將所發現的眞理告訴人們，如此信友才有理法可供遵循。

奧古斯汀頒布教規　皮耶卓作
油彩・畫板　39×27cm
梵諦岡・彼蒂宮美術館藏

奧古斯汀幻想

這是出現在十五世紀，卻在十六、十七世紀流行的藝術傳說，奧古斯汀在河邊漫步思考「三位一體」的問題時，遇見一個小孩正在沙灘上挖洞，並用貝殼裝水灌進洞裡，奧古斯汀告訴他，那樣做是沒有什麼效果的，孩子卻回答說：

「憑凡人的智慧，要想找出感到神祕的答案，也不會更有效果。」

畫面上的奧古斯汀，穿著白長服戴白手套，外披紅色繡金邊外袍，頭戴主教帽。

波提且利「奧古斯汀幻想」

波提且利藏於烏菲茲美術館的「奧古斯汀幻想」中，他把海天草地畫成一片很簡單，奧古斯汀穿的主教紅外袍，很搶眼很亮麗。他以長者之尊，對天真可愛小孩要用一根小木湯匙，把汪洋的海水舀進小沙洞。

這是一個寓言，那可愛小孩其實是聖嬰，這也暗示，自大的奧古斯汀的不自量力。自此以後，奧古斯汀知道需更加認眞讀經。

他在研究「聖三位一體」問題時，特別加以解釋。在遠古或早期中古世紀的藝術品中，沒有出現過這樣主題的畫，這可能是因教會不贊同用具體的人物來表現三位一體中的首位，即聖父上帝。

聖父上帝耶和華，應該是超人，是高高在上，是象徵，是屬於精神領域的，也是不可見的。最了不起的，聖靈被畫作一隻手，或一隻白鴿。

到了十二世紀義大利北部或法國的油畫中，出現的聖父，頭戴皇冠，白鬍鬚，像族長般，腦後有光環，他的手扶著被釘十字架的耶穌基督，衆使

奧古斯汀幻想　波提旦利作
1488年　油彩・畫板　20×38cm
佛羅倫斯・烏菲茲美術館藏

徒站在下方或分列二旁。

這種三層式，從上方起是耶和華上帝，中間耶穌基督，下方使徒，形成一個渾然一體的生命共同體。

有時爲表現教會的至高無上，耶和華身穿教皇的法衣，這也表示主教們是替上帝執行教義的分身含意。

這種「聖三位一體」的應用很廣，如「萬聖圖」、「聖母加冕」、「使徒列傳」、「聖母瑪利亞」……都被稱爲聖三位一體。

「懺悔錄」中「三位一體」

奧古斯汀在其「懺悔錄」第十三卷中，從「創世紀」第一章的話中，理解上帝的「三位一體」，他好像「在鏡中」看見了天主的「三位」，也就是你，我的上帝；你，聖父；在我們的「原始」中，在你永恒的智慧中，也就是在你的聖子中，創造了天地。

奧古斯汀幻覺　李比作
1446年　油彩．畫板　28×51cm
聖彼得堡．艾米塔吉美術館藏

奧古斯汀幻覺（局部）　李比作

後來很多祭壇畫都是以這「聖三位一體」來選擇畫上的人物。天主教聖母的天空，是象徵耶和華的白鴿爲代表，下面的聖徒都是以委畫人的喜好爲選擇。基督教較常選擇有長鬚，類似古代族長或老者的耶和華，他前面受難耶穌，再下方才是使徒們。

李比「奧古斯汀幻覺」

李比（Fra Filippo Lippi 1406-69）畫「奧古斯汀幻覺」，他畫的不是如波提且利的奧古斯汀是在海濱沙灘上看見小孩，李比卻畫奧古斯汀在彎彎溪水旁，看見小孩在玩，他走上前去，只見小孩（聖嬰）用木湯匙，舀溪水進入沙洞中的寓言。這原是祭壇畫右翼的壁畫。

奧古斯汀版「懺悔錄」十三卷中，很明顯指出一切被創造物，皆依靠上帝的善意存在，上帝的三位一體和聖靈的特質，在「創世紀」第一章二節中已有暗示。「創世紀」中說：「要有光！」便有了光，這是屬於精神層面，如果你接受祂的光，也就是接受你的信仰和崇敬，它雖不是權利，卻是信仰。

李比畫中的「奧古斯汀幻覺」，那溪旁小孩與奧古斯汀主教頭上都有光環，已知不是一般男孩，而是聖嬰，特地前來曉喻奧古斯汀的。

嘉羅法諾「奧古斯汀幻象」

嘉羅法諾（Garofalo）的「奧古斯汀幻象」中，奧古斯汀與聰慧的亞歷山大的凱瑟琳，都坐在右下角的岩石旁，奧古斯汀正在研讀經書，他曾自豪自己能解讀「三位一體」的奧秘。

此幅畫便畫出天國聖母子及眾天使們，在他面前顯現，聖嬰並以祂用一根小湯匙，便想要把所有的海水舀進沙洞裡的寓言，來譬喻奧古斯汀在神學上的自大與不自量力。

自以爲夠博學多聞的奧古斯汀，經此幻象而驚悟到自己的無知與狂妄，而更虛心、沈潛於解讀經書與教義。

是寫實用來暗喻的幻象

藝術家表現「奧古斯汀幻象」有很多種，像波提且利畫的最寫實、最簡單，祇有聖嬰象徵小孩，還有奧古斯汀，再者就是天、海、地。

李比的「奧古斯汀幻象」，除二位主角外，配上彎彎小溪流與樹木、小山丘。

波提且利與李比這二幅，很難讓人想像有什麼幻象，祇不過描繪奧古斯汀在海邊或溪邊，碰到聖嬰化身，聖嬰用木湯匙舀水，想將全部水灌進小沙洞裡，雖然祇是暗喻奧古斯汀在神學上狂放，經此幻象才領悟過來，後

奧古斯汀幻象　嘉羅法諾作
1520年　油彩・畫板　64×81cm

奧古斯汀在書房　波提且利作
1480年　油彩・畫板　152×112cm
佛羅倫斯・奧格尼散提教堂藏

奧古斯汀　佛蘭西斯加作
1454年　油彩・畫板　133×60cm
里斯本・國立古代美術館藏

來更虛心、更努力、更用功，後來才被推爲主教。

洛可可風豐富而多彩祭壇畫

巴洛克畫家嘉羅法諾「奧古斯汀幻象」，才是充滿豐富幻象之景，天上聖母與聖嬰、衆天使在奏樂，他們都在雲霧的天上，地上奧古斯汀身後還站著亞歷山大的凱莎琳，與站在港邊司提反，聖嬰裸身披紅彩衣，頭上有代表聖老光環，他們都置身美麗義大利山川中，這是祭壇畫在巴洛克與洛可可畫派時期特色，豐富而多彩，陽光亮麗，配景豐富多樣。

奧古斯汀擔任主教後，成爲民衆的信仰中心，他不祇是在聖經與修辭學上造詣，在民衆心目中他更如神般，能驅難又能擋災，梅蘭德茲畫這幅即是一例。

「奧古斯汀驅走蝗災」

另一幅藏於普拉多美術館的巴洛克畫家梅蘭德茲（Miguel Jacinto Melendez 1716-80）的「奧古斯汀驅走蝗災」，則畫出村民因飽受蝗災而求助於當地主教，於是主教與教會人士聚集了村民，一起跪求神助，在同聲祈禱下，奧古斯汀在衆多小天使伴隨下，戴著禮帽，穿著主教教袍，持牧杖應衆人祈求，下凡來驅趕蝗蟲。在陰沈氣氛中從天而降，在衆天使齊驅趕下，解救村民免於蝗害。

在「奧古斯汀驅走蝗災」中，奧古斯汀主教死後已被上帝接引升天，成爲聖使徒。而村民們也把他神化了，相信他能從天而降，驅蟲解厄。

奧古斯汀驅走蝗災　梅蘭德茲作
1760年　油彩．畫布　85×147cm
馬德里．普拉多美術館藏

太初創造天地

奧古斯汀的「懺悔錄」，從第十一卷到十三卷，都在探討「創世紀」中，一種深不可測、很難瞭解的事實。

第十二卷第二章說：「我笨拙的口舌向莫測高深的你懺悔，承認你創造了天地，創造了我目睹的蒼天，創造了我所踐履的大地，我一身泥土所自來的大地。是你創造了這一切。」

但詩篇所稱：「天外之天屬於主，至於大地，他賜給人的子孫，這天外之天在那裡呢？這天外天，我們的肉眼看不見，而我們所見的一切與此相比不過是塵土，這天究竟在那裡？」

整個物質世界雖不是處處完美，但即使大地爲基礎最差的部分，也是最美麗的，可是我們的地上之天，與那個天外之天相比，也不過是下土。的確，我們這個龐大的天地，比起那個屬於天主，而不屬於人的子孫、莫可名狀的「天」，統名爲「地」，這確有其理由。

沒有光沒有聲音一片靜寂

第十二卷第三章又說：「地是混沌空虛，是一個莫測的深淵，深淵上面沒有光，因爲沒有任何色彩。爲此你命令作者寫道：『深淵上面是一片黑暗』。所謂黑暗，不就是沒有光嗎？假如有光，光在那裡？祇能在上面照耀。假如光尚未存在，則只能說是一片黑暗，等於說沒有光。上面是一片黑暗，因爲上面沒有光，猶如沒有聲音，就是靜寂。說一片靜寂，不是等於說是沒有聲音嗎？」

奧古斯汀在「懺悔錄」中，對於「天」與「地」的創造中，是屬於永恒之「道」中，有人說法是：「地是混沌空虛，深淵上面是一片黑暗」。也有人說，天地不具形相、無組織，未受光明的原質，由此形式理智的「天外之天」。

包士「天地的創造」

藝術家創造的「天」與「地」，最抽象、最具體，要算是包士的「天地的創造」，那個像地球的圓，像地球自轉與環繞太空行走的半徑裡，有如山岳，有如樹林，有如海洋，有如山川，地面上有光有暗，有白天也有黑夜。那天空的雲層，也有透著濃黑烏雲，投下給大地之陽光。那是大地生長的要素，除土地外，還需要來自天空的晴雨朝露、陽光與空氣。

包士的天，也叫做蒼穹，它可形成雨，也可形成風，風雨不晦，大地日夜輪替，生命就此開始，才有生機。

天地的創造　包士作
油彩・畫板　220×195cm
馬德里・普拉多美術館藏

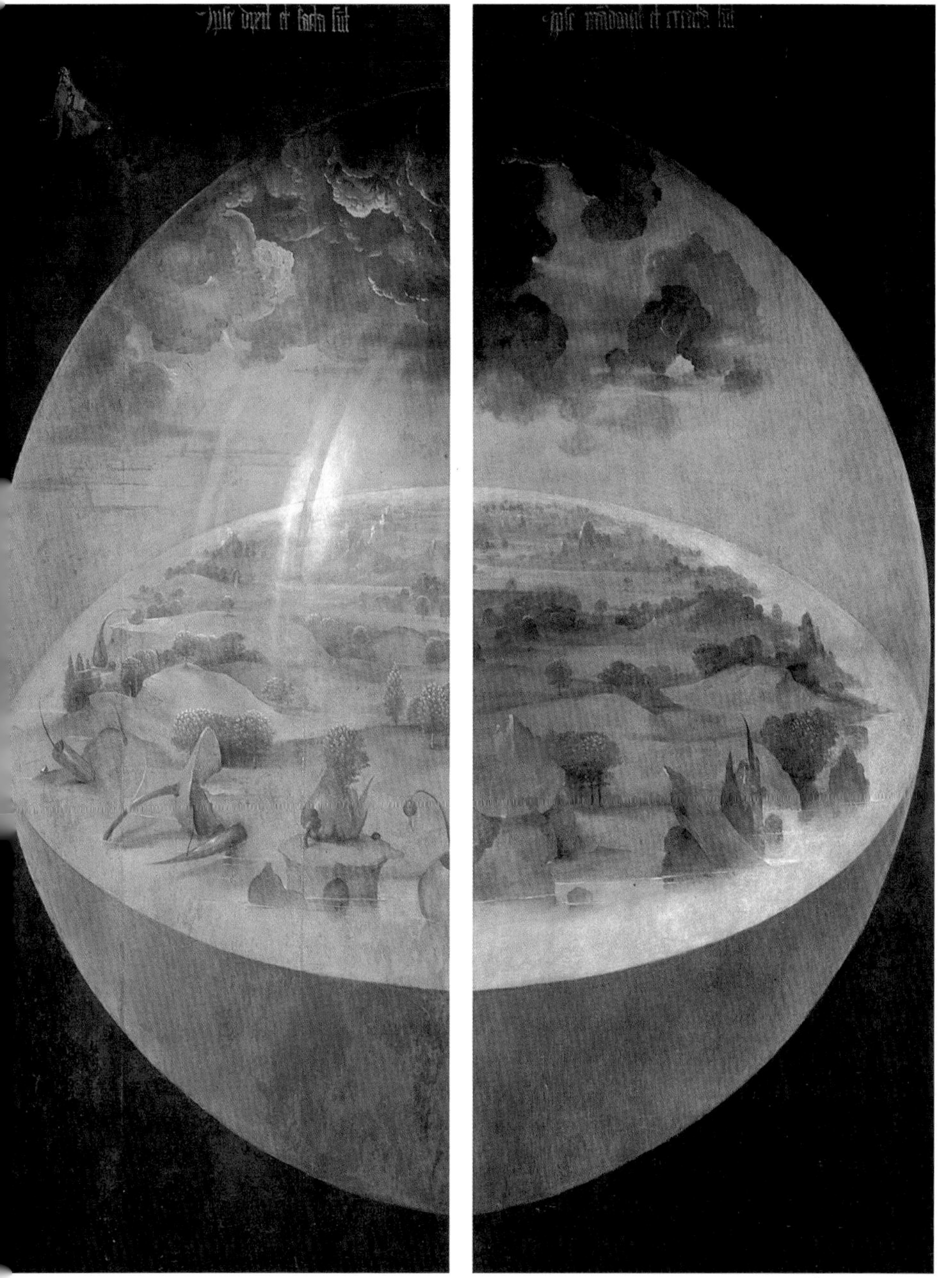

奧古斯汀的勝利　克埃里埃作
1664年　油彩．畫板　271×203cm
馬德里．普拉多美術館藏

從異教荒謬中瞭解真理

奧古斯汀決心讀聖經，從輕忽它，到認識它、敬仰它……內心實際轉折變換，實在也經歷煎熬與內心掙扎。

誤入摩尼教九年之久

「懺悔錄」第三卷第五章說：

「我決心要讀聖經，看其中內容如何。我現在懂得聖經不是驕傲者所能體會，也不是孩子所能領會，入門時覺得簡陋，越朝前越覺得高深，而且四面隔著奧妙的帷幕，當還沒有入門的準備時，不會屈躬而進。這並非初接觸聖經時的印象，最初我覺得聖經與西塞羅的典雅文筆相較，眞是瞠乎其後。我的傲氣藐視聖經的質樸，我的目光看不透它的深文奧義，聖經的意義是隨孩子的年齡而俱增的，缺點是我不屑成爲孩子，我滿腔傲氣，自視偉大。」

奧古斯汀踏入異教的所謂摩尼教，他形容有如進入驕傲、狂妄、巧言令色的圈子裡，他像陷入魔鬼領域。他們假藉耶穌基督的聖名，口口聲聲喊著：「眞理、眞理」，但所作所爲沒有一絲一毫的眞理，甚至對耶穌基督所創造的世界發出荒謬論調。

奧古斯汀在心坎深處最嚮往著耶穌基督時刻，也是認爲找到最慈愛的天父，萬美之美出現時刻，它們常用各種方法在長篇累牘的書中向他高呼耶穌基督的名字！可惜這太空洞聲音，他非但不能解渴，反而更飢餓。

奧古斯汀拿來充饑的，是耶穌基督所創造的精神體，勝過天空燦爛的星辰。他皈依摩尼教共九年，他還誘使信他的教友發生錯誤，這是他到後來深感羞恥的，那是他在十九歲到廿八歲間共九年之久，陷溺於各種惡業之中，自惑惑人，自欺欺人。

外表的幌子是教授「自由學術」，實質上用虛僞的宗教外衣。那幾年他教授雄辯術，實際上是私慾的敗將，卻在出賣教人取勝的爭訟法術。

藝術家很難畫出奧古斯汀迷惑於摩尼教時的苦痛，但見不少他醒悟過來後，打擊異教的畫面。畫面出現摩尼教如惡龍，牠在地上胡作非爲，也唯有奧古斯汀才有消滅惡龍決心。

「奧古斯汀的勝利」

克埃里埃藏於普拉多美術館的「奧古斯汀的勝利」，以穿教皇袍服的奧古斯汀自天上騰雲駕霧而下，在衆天使簇擁下，他以權杖打死異教崇拜的大龍，擊倒異教神像，象徵基督教義戰勝異教勢力。

三位一體的議論

在「奧古斯汀傳」第十三卷第五篇中，提到有關「三位一體」的解釋：

「這樣，我好像『在鏡中』看見了天主的『三位』，也就是看見你，我的上帝；你，聖父，在我們的『原始』中，在你所生的，和你相等的，與你同是永恒的智慧中，也就是在你的『聖子』中，創造了天地。

「上面已經談了許多關於『天外之天』、混沌空虛的地和黑暗的深淵；我也說過這個精神的、漂流不定的元氣必須歸向你，生命之源受到光照，然後成爲美麗的生命，成爲水與水區分後形成的天地之外的另一重天。

「我從上帝的名稱找到創造天地的『聖父』，從『原始創造天地』的原始一語找到『聖子』；根據我們的信仰所相信的天主三位，我便在聖經中探求，看到『你的神靈運行在大水之上』。聖父、聖子、聖靈，那不是三位一體的上帝，萬有創造者嗎？」

李比「三位一體的議論」

英國・倫敦・國家畫廊藏，李比畫的「三位一體的議論」，那是在六位使徒天上，聖父衛護被釘十字架的耶穌，這六位使徒在議論有關「三位一體」的爭論。

「三位一體」（Trinity）按照基督教義，上帝有其統一的神性，卻分爲三身，即「聖父」、「聖子」與「聖靈」。此一說法首先從「約翰福音」中建立基礎，後來，又經奧古斯汀在其著作「懺悔錄」的第十三卷第五篇到末篇中加以著述、補遺，成爲非常完整的「論三位一體」的解釋。

早期教會不贊同用人物來表現三位一體中的第一位（即聖父），聖父應是超乎於人的和不可見的，早期描繪的「聖父」形象，有用象徵性的畫成一隻眼睛，或是在雲端中伸出來的一隻手，手上握有王冠。

「聖靈」多用一隻白鴿子象徵，在文藝復興以後，「三位一體」，比較常看到的是把聖父畫作蓄有長鬚，像古代的族長，腦後有光環。基督則釘在十字架上，聖父著紅袍，雙手扶著基督十字架的橫木兩端，天空的雲端捲起千堆雲，那是祥雲？還是微露曙光的時刻？

奧古斯汀他自己承認，對「三位一體」的議論，祇是記錄一個事實，那就是他所說的：「生命在這三方面是多麼純一不可分割：一個生命、一個思想、一個本體，不可分割又截然分清。誰能領會的，希望細細體會。希

三位一體的議論　李比作
1455-60年　蛋彩・畫板　184×181cm
倫敦・國家畫廊藏

望每個人自省、自查。」

蕭伯納「聖女貞德」

蕭伯納（G. Bernard Shaw 1856~1950）有本宗教氣氛非常濃郁的著作「聖女貞德」（Saint Joan），敘述法國有位美麗少女貞德，得到上帝啓示，爲祖國生存身負救亡圖存重責，前往請纓參加保衛祖國之戰，就好像是西方的花木蘭。

P78
聖女英雄——貞德　羅塞蒂作
1864年　水彩・畫紙　60×62cm
倫敦・國家畫廊藏
P79
聖女貞德（雕像）
巴黎・街頭紀念雕像

說也奇怪，貞德每次出征，就能屢建奇功，英軍被打得到處亂竄，潰不成軍。

英國教士便想用宗教的力量，除掉這個女英雄，便誣告她是「魔女」，同時大主教也認爲她的態度不敬重教會當局，因爲她能直接聽到上帝的聲音。大主教判決她是邪教徒，當時對待邪教徒唯一的處決方式，是活活將她燒死。

軀體死了靈魂見了上帝

她殉教時極爲鎮定，從容就義，悲壯異常。廿五年後，貞德復活了，她的軀體雖死，靈魂卻已見到了上帝。

這位「女基督」，看見世人的墮落時，就說：「呀！上帝，你造就這美麗的世界，但人們幾時才可預備接受你的神聖感召？」

蕭伯納有「莎士比亞第二」美譽，他在戲劇方面的天才、貢獻，是莎士比亞以來所沒有，但莎士比亞常消遣蕭伯納祇會撿人家的精華，改變成自己的。

蕭伯納的「聖女貞德」，世人定位在戲劇故事與眞人眞事均同樣不朽地位，羅馬教皇後來看見情勢所趨，封貞德爲「聖女」。

蘇賽「貞德傳」殉教殉國故事

蘇賽（Southey）寫過一本「貞德傳」（Joan of Arc），以敘事詩手法寫法國女英雌貞德殉教、殉國的故事。

他以一種自然、天眞，對宗教的喜樂，來反抗舊教的專制，以柔克剛，以誠信對逼迫。詩中對貞德女兒心，也有一番表白。

貞德說：「林中小鳥，在晨曦時，唱出愉快的歌聲；牠們如果在狂暴風雨中，唱出甜蜜的謝恩歌，勝似人們在房子裡所唱的歌聲。」這本書用很多隱寓的寫法，祇提示比喻，但沒有斷語或結論，讓人去自我思考。

羅塞蒂「聖女貞德」

拉飛爾前派畫家羅塞蒂便先後畫了兩幅水彩、兩幅油畫「聖女貞德」，如1864年的水彩畫中，全副武裝的貞德雙手高舉著寶劍，彷彿要登高一呼似的戰備狀態，雖迥別於他在威尼斯畫風時期誘人的柔情似水美女肖像，卻在當時因與婦女參政、爭財產權等婦權運動精神相契合而大受歡迎。

羅塞蒂1863年的油畫「聖女貞德」中，羅塞蒂畫出雙手持劍、著戎裝的「聖女貞德」側面半身像，她似乎跪

聖女貞德　羅塞蒂作
1863年　油彩・畫布　61×53cm
倫敦・私人收藏

在基督被釘十字架前，誓師要打一場勝戰前的祈禱。右上角僅露出耶穌被釘的雙腳雕像、香爐，以及象徵純潔神聖的百合花。在羅塞蒂眼中，貞德不僅是英勇、智慧與美貌兼具，她的戰袍上還綴飾著花紋，長髮披肩，脖子上還戴著兩條項鍊，兼具現代女性成熟嫵媚特質。

聖女貞德　安格爾作
1854年　油彩・畫布　240×174cm
巴黎・羅浮宮美術館藏

法國花木蘭捍衛信仰

「聖女貞德」（Joan of Arc 1412～31）雖是農家女，但不識字也不會騎馬的她，在13歲時便常聽見大天使米迦勒（Michael）、亞歷山大的凱莎琳，及安迪奧吉的瑪格麗特（Margaret of Antioch）等聖徒，對她的呼喚與教誨，稱她將主導法軍打勝仗。

當時法國與英國間的「百年戰爭」仍持續爭戰著，聖女貞德的故鄉香檳（Champagne）被英盟軍柏根地軍佔領。因此在貞德17歲時，她去見當地的法國將領，他本不信她，直到她預言法軍打敗仗成眞。

後來她又去拜見法國王儲查爾斯王子，他終於同意她領軍去攻佔奧爾良（Orleans）。貞德以寫著「耶穌；瑪利亞」的盾牌領軍，幾個月後英軍撤退了。因此當1429年查爾斯王子登基爲查爾斯七世時，她站在他身旁。

安格爾（Ingres）即畫出了加冕大典時英雌貞德。

安格爾畫加冕大典時英雌貞德

在安格爾（Ingres）1854年畫的，查爾斯七世加冕禮上的「聖女貞德」，一身金光閃閃的鐵鎧甲，腰配長劍和斧頭，手舉革命旗幟，英勇的站在雷姆斯大教堂（Reims Cathedral）的祭壇前，左手放在祭壇上，雙眼望向遠方，一副現代英雌的神勇模樣，充滿正義凜然的氣勢。

栩栩如生的描繪，周遭跪著禱告的人，場面神聖莊嚴，是上戰場前的授旗祈福儀式，還是戰勝歸來的英雄式歡迎？聖女貞德頭上已有光環，旗上有著基督教派的圖案，應是「女戰神」般的勝利象徵。

這幅畫是安格爾爲拿破崙新政權所畫，喻示他的「聖戰」——爲眞理而戰必勝的決心。

「獄中的貞德受誣陷」

但戰爭仍持續著，當貞德不幸落入英軍之手時，他們以異教徒及女巫之罪將她以火刑處死，她在牢中也備受淩虐。有一佚名作品便是畫她在獄中接受兇狠的亨利．波福特大主教審問的情景，虛弱的她雙手上手銬，斜躺在石壁上，她的眼望向天際，似正在祈禱，光射在她的臉上和身上。她受火刑殉教的25年後才獲平反。

此外，巴黎也有「聖女貞德」的紀念雕像，以她高舉旗幟的馬上英姿，供世人瞻仰。直到1920年才正式被封爲聖徒。

但丁「新生」

但丁第一次遇見佩雅麗琪，是在1274年，當時他祇有九歲，她則小他幾個月，都是兩小無猜的年齡，也正是悄悄滋長純純愛苗的年齡吧。

1283年18歲的但丁，與佩雅麗琪再度相逢，青春期的但丁對愛情的憧憬，從青澀轉爲成熟，佩雅麗琪也不是少女了，出落得非常標緻，讓人看了怦然心動。

P84・85
朝聖群象　史提曼作
1914年　水彩・畫紙　55×67cm
維明頓・德拉瓦美術館藏

寫作「神曲」但丁　波提且利作
1465年　油彩・畫布

但丁對佩雅麗琪的情熱瘋狂地無處渲瀉，每日把心中所感寫在詩箋裡。然而佩雅麗琪家教保守，有嚴謹道德標準，並沒有具體回應。但丁投注在佩雅麗琪的情愛，祇能寫在「新生」抒情詩集裡。

「新生」抒情詩對戀人歌詠

但丁與佩雅麗琪的愛戀，遭到她父親波提納利的反對，他看不起寫文章的人，對抒情詩人更不屑一顧，自己作主把女兒嫁給銀行家，希望她從此過優渥日子。

可惜天不從人願，銀行家的金錢也未必能買到女兒快樂，她憂鬱寡歡，竟在廿五歲芳齡驟逝。

她始終不知道自己已在偉大詩人心中，佔有那麼重要位置。而他，腦海日夜飄浮著她美麗的倩影，他把自己對她的熱情，用文字一一紀錄在詩歌裡，像記日記般，像夢幻般，無限情深投注在他的「新生」詩集裡。

我們且引述「新生」詩歌片斷，看他如何讚美她：

她的全身呈現著溫慈、謙遜，
在稱讚她的聲中緩緩輕步著微塵；
她好像住在天上的仙女，

佩雅麗琪在婚宴上不理會但丁　羅塞蒂作
1852年　水彩・畫紙　32×40cm
英國・牛津・艾胥莫林美術館藏

降落到了凡間，把奇蹟獻給人類。

她把快樂的柔情，
向凝視她的人灑遍，
她眼睛秋波，滋潤人們枯槁心田。
人們看見她兩鬢間微紅臉頰，
你便會覺得，
那兒閃著的幻影就是「愛情」；
那幻影，還向你下令，她說：
「快吐出來，你吃驚的嘆聲！」

（「新生」第26章）

「佩雅麗琪在婚宴上不理會但丁」

但丁為掩飾他對佩雅麗琪的愛意，將世人注目的焦點轉移到另一女孩身上，引起佩雅麗琪的誤解。因此，當但丁被朋友帶去參加城中一女孩的婚宴時，他們對一群參加婚宴的綠衣藍袖淑女們致意，佩雅麗琪也在其中，卻因誤會而故意不理會但丁，令他錯愕、落寞。

佩雅麗琪否認她曾和但丁邂逅，連看都不肯看他一眼，令但丁心碎、驚慌、不知所措，又必須極力鎮定，不讓周遭人察覺他的失態。

羅塞蒂取材於但丁「新生」詩集的水彩畫「佩雅麗琪在婚宴上不理會但丁」，便是描繪此戲劇性情節。

「新生」筆下佩雅麗琪

初次邂逅，佩雅麗琪對但丁而言，即已賜予無可言喻的盛情，在「新生」詩詞裏有具體的文字描述，他頌讚她的微笑動人，聲調柔美，神秘嫵媚，而又純潔尊貴，是無懈可擊的完美。

這份情愫主宰了他的一生，有詩如下——

他接著叫醒了她，使她
戰戰兢兢地吃下我燃燒著的心，
然後，我見到她哭泣著離去。

這種強烈、永恆的意念攫住了但丁的整個心房。

在他的筆下，對她的熊熊愛戀，是集「信仰」、「希望」、「慈愛」爲一體，一如沐浴聖母的耀輝。藉著詩歌「新生」的創作，轉化塵世的情愛爲至高的理想象徵，蛻變爲「新生」的生命。

犀利文筆致被逐亡命他鄉

但丁知道佩雅麗琪的死，是她對自己熾熱愛情急凍下的茫然，在人生索然無味的情況下，自我封閉的自絕。

對但丁說來，當他聽到佩雅麗琪死訊時精神錯亂，無處容身，處在危機立現時刻中。

1295年但丁與佛羅倫斯貴族千金珍瑪蒂結婚，就在那年，佛羅倫斯執政者開始政治改革，首先對能影響人心的人，執行強烈放逐，也是趕走不受政府歡迎的人。

「苦澀的別人麵包」難以下嚥

但丁被認爲文筆犀利，最易煽動群衆，將他放逐到義大利北邊，在局勢動亂中，但丁深刻體會到「身不由己」的悲哀，他開始想過自己生活，以孤獨流浪天涯方式，讓思潮自由澎湃奔放。他雖然碰到不少好人，但也不願寄人籬下而四處遷移，在富裕善人施捨下，即使百般不願，也難抵肚餓的無助，他有「苦澀的別人麵包，眞是難以下嚥」經驗。

1315年佛羅倫斯在壓力下大赦被放逐在外的人，但丁也在名單內。對於「公開承認是罪人，開釋後不得有反政府言論」的條件，他拒絕簽署，也放棄返回祖國。

本來「返回祖國」是他被放逐日子裡，日夜夢想的願望，可是要他簽署沒有人權的附帶條件，他寧願過「苦澀吃著別人麵包」的無奈日子。

沒有得到祖國母親的愛

但丁的夢　羅塞蒂作
1871年　鉛筆素描・紙　57×51cm
英格蘭・布拉福市立美術館藏

佩雅麗琪　伯恩—瓊斯作
1870年　油彩・畫布
私人收藏

夢中的佩雅麗琪　羅塞蒂作
1872年　水彩・畫布　49×40cm
倫敦・私人收藏

1321年但丁感染到瘧疾，當天夜晚病逝於拉維爾，享年祇有56歲。他的保護人波倫塔將其遺體葬在僧院裡。後來但丁在放逐歲月中寫的「神曲」引起廣泛注意，輿論對這位不朽文學家但丁的遭遇不幸，大加譴責無能政府的薄情寡義。

佛羅倫斯市民要將但丁遺體運回家鄉安葬，但熱愛但丁的拉維爾市民拒絕交出，並在墓誌銘上刻著：

「出生佛羅倫斯，可是沒有得到祖國母親的愛。但丁被自己祖國放逐，卻在拉維爾安息」。

羅塞蒂「夢中的佩雅麗琪」

羅塞蒂以素描淡彩方式，描寫佩雅麗琪那股如詩如夢的美，他畫的是但丁心目中的愛神——佩雅麗琪，營造在夢中的、幻想的、沒有接觸到現實的美，消除了人與人最繁瑣的雜事與不合，純化如仙子、如花、如空中樓閣的幻想無限空間。

伯恩—瓊斯「佩雅麗琪」

但丁的佩雅麗琪，是理想化了的女性美代表，拉飛爾前派畫家常想像、描繪她。在伯恩—瓊斯的畫中，佩雅麗琪是個連女人看了都會偷偷嫉妒、注目的氣質美女。

樸素的紅袍，素淨白皙的臉龐，在捲曲的金黃短髮襯托下，更顯得靈氣逼人。她的左手持著枝葉，正低頭沈思，在旁邊的房舍門前，三名婦女正遠遠地偷看著她。

楊牧譯洪範版「新生」

國內出版「新生」好像祇有洪範書店，由楊牧直接譯自義大利文版，列入「世界文學大師——隨身讀①」，該書雖沒有整本譯出，但前面精彩部份，已夠讓讀者體會但丁用「愛」的熱情鎔鑄的「新生」。

但丁夢見佩雅麗琪

當淚水流下時，我張開我的眼睛，
像一陣甘露雨，我看見了天使們
成一長串正飛回天國；
一小小的雲彩在他們的面前
他們飛向它，並且說：「哈珊那
(讚美主)」；
如果他們說更多，你應該會聽到。
然後愛神說：「現在希望所有的事
情都已弄清楚：
前來我們躺著的女士身邊並抱著
她。」
這些渺茫的幻想
那時帶我去看我的摯愛之死。
即使我被帶到那裡，
那些女士們正爲她覆蓋上面紗；
看著她那樣地謙遜
好像在說：「我可以安息了。」

——但丁「新生」(La Vita Nuora)

「但丁夢見佩雅麗琪的死」

羅塞蒂畫的「但丁夢見佩雅麗琪的死」，便是依據但丁「新生」的詩意畫成的。早在1848年，羅塞蒂便已開始著手蒐集他有興趣的文學作品爲創作主題，這篇詩歌便在其中，但直到1856年接受羅斯金的朋友艾倫·海頓委託，才著手繪製此幅水彩畫。

羅塞蒂延用中世紀或16世紀文藝復興繪畫中的聖人之死，崇拜者前往祭拜的典型構圖、佈局，佩雅麗琪躺在一凹入的石床上，兩名綠袍女士正要拉起布幔爲她覆蓋。

爲符合「夢境」的情景，穿著像朝聖者般袍服的但丁，閉著眼睛像幽靈般，被有著一雙翅膀，手拿弓的愛神牽引到佩雅麗琪床前。愛神並俯身靠向佩雅麗琪的臉。但丁在夢境中一臉茫然。

地上灑落著死亡之花——罌粟花，布幔上則有五月花——象徵她短暫的青春。床的兩旁還看得見透著陽光的城市街景。

羅塞蒂與羅斯金對中世紀插畫手稿的熱愛，使這幅水彩畫的設色明亮美麗，又帶點典雅。

但到了1863年，羅塞蒂想以此題材創作油畫時，他向海頓小姐借回水彩畫做參考。當然，他是以1860年後的「拉飛爾前派」時期畫風，重畫的兩幅油畫（1871及1880年），則以華麗柔美的裝飾風，改變了畫中所有人物的樣貌與服飾，古典而優雅。

並由之前以直線素描的含苞待放少女，到油畫版本中以圓渾的線條，描寫具有豐滿肉體的成熟女性。

但丁夢見佩雅麗琪的死　羅塞蒂作
1856年　水彩・畫紙　47×65.4cm
倫敦・泰德畫廊藏

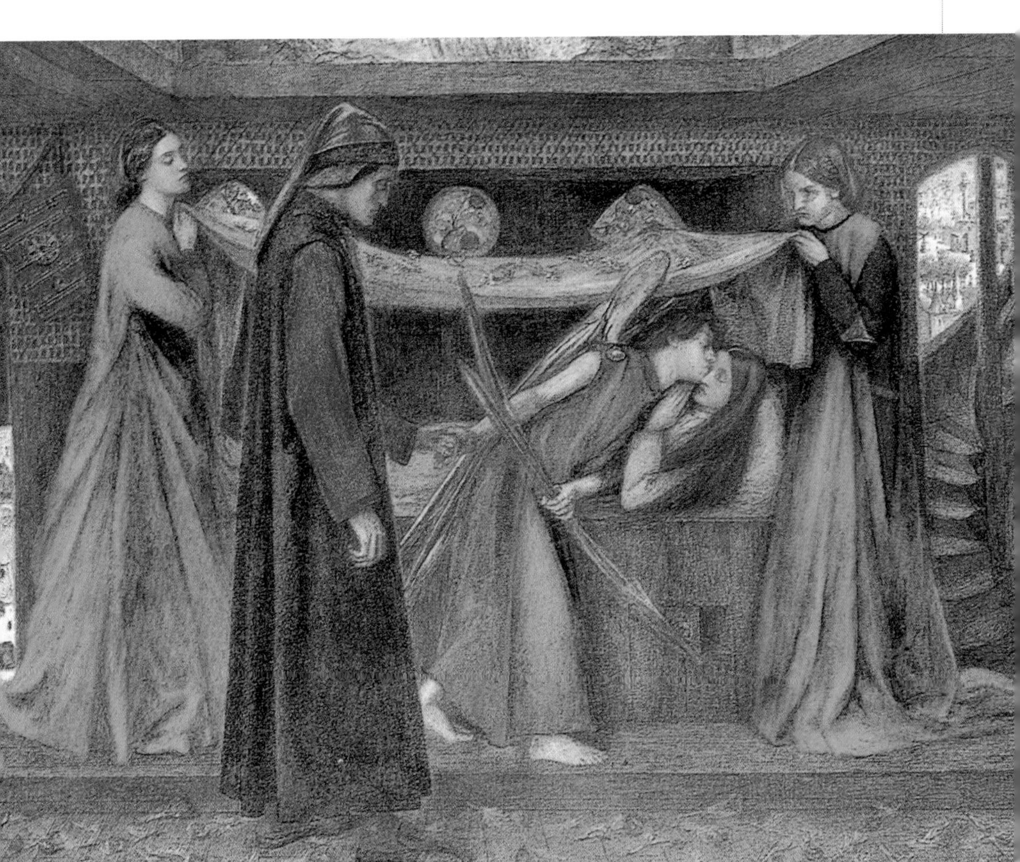

從先前那有點生硬的中世紀風水彩畫，到1871年以最大尺幅、充滿自信、圓融成熟的文藝復興畫風優雅仕女，可印證羅塞蒂畫風的發展歷程。

畫中金髮、膚色蒼白的佩雅麗琪，是以珍妮・莫利斯爲模特兒。地上的紅罌粟花更大朵、綠葉更少了地撒落一地。愛神也改爲穿紅衣、紅翅膀的美少年，襯以左右兩旁騎樓上飛來的兩隻紅鳥，一似鴿，一似鳳。他加重了捲髮與袍服皺褶的細緻描繪，更優雅、逼眞，更富裝飾意味，與象徵寓意的文學風，是羅塞蒂典型「拉飛爾前派」時期代表作。

但丁之夢
（到佩雅麗琪床前）
羅塞蒂作
1875年　有色鉛筆・紙
55×46cm
英國・私人收藏

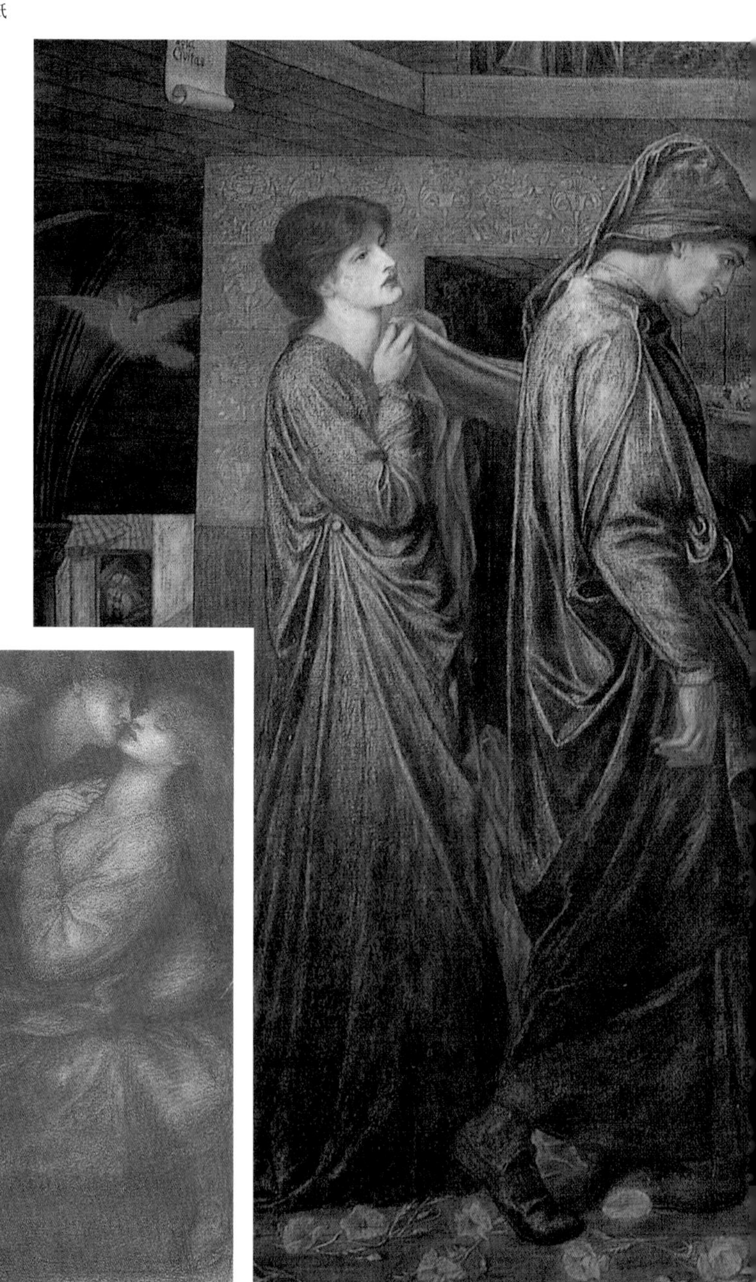

但丁夢見佩雅麗琪的死　羅塞蒂作
1871年　油彩・畫布　210.8×317.5cm
英國・利物浦市・渥克藝廊藏

但丁與佩雅麗琪相遇　羅塞蒂作
1859年　油彩・畫布　74×80cm
渥太華・國家畫廊藏

但丁與佩雅麗琪相遇　羅塞蒂作
1849-50年　沾水筆・炭墨筆・紙　35×78cm

但丁與佩雅麗琪相遇

在羅塞蒂的「但丁與佩雅麗琪相遇」的二連作油畫中，左半邊畫的是「新生」第3歌中，但丁與佩雅麗琪在台階上相遇，她轉頭向他昏眩站立的方向瞥了一眼，那「甜美的眷顧」令他狂喜。她正要往下走，而但丁正往上走，他寫道：「我的淑女眼中帶著愛意。」

而右半邊則取材自「神曲・天堂」篇第30歌，但丁與佩雅麗琪在伊甸園（Eden）相遇。但丁與佩雅麗琪都披著長袍，罩頭巾，頭上戴著樹葉編成的頭冠。在花草扶疏間，佩雅麗琪揭開頭紗對但丁說：「好好地看看我，眞的是我，我眞的是佩雅麗琪。」

中間狹小的木板上則刻了手拿著日晷儀的天使，日晷儀上的陰影指著九點。「九」這數字對但丁有著特殊意義：他和佩雅麗琪在九歲時初遇，九年後兩人重逢，但丁便對她瘋狂地暗戀著迷，而佩雅麗琪的死亡時間正是1290年7月9日的9點，刻在木板上。天使右手上的火把已熄滅，象徵佩雅麗琪之死。

這兩幅油畫原是單獨成畫的，後來由羅塞蒂自己裝框而成現今版本，它們原是三幅聯作，一起裝飾莫利斯的「紅屋」（Red House）的，中間還有一幅畫「但丁之愛」（Dante Amor）。

但丁第二次見佩雅麗琪，距離第一次剛滿九年，她站在比她大年紀，透露著優雅教養的女子之間，她轉頭向他昏眩站立的方向看了一眼，這竟成了他的「永生之日」。

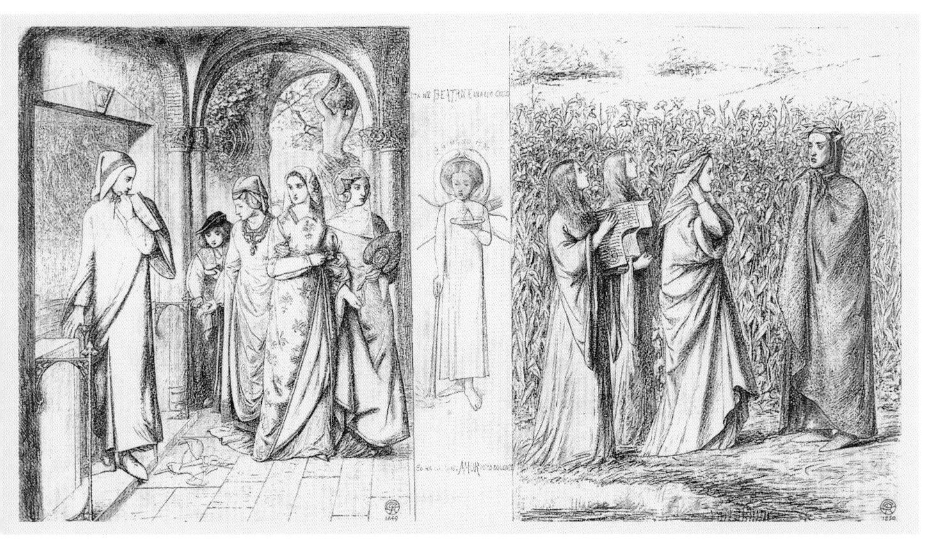

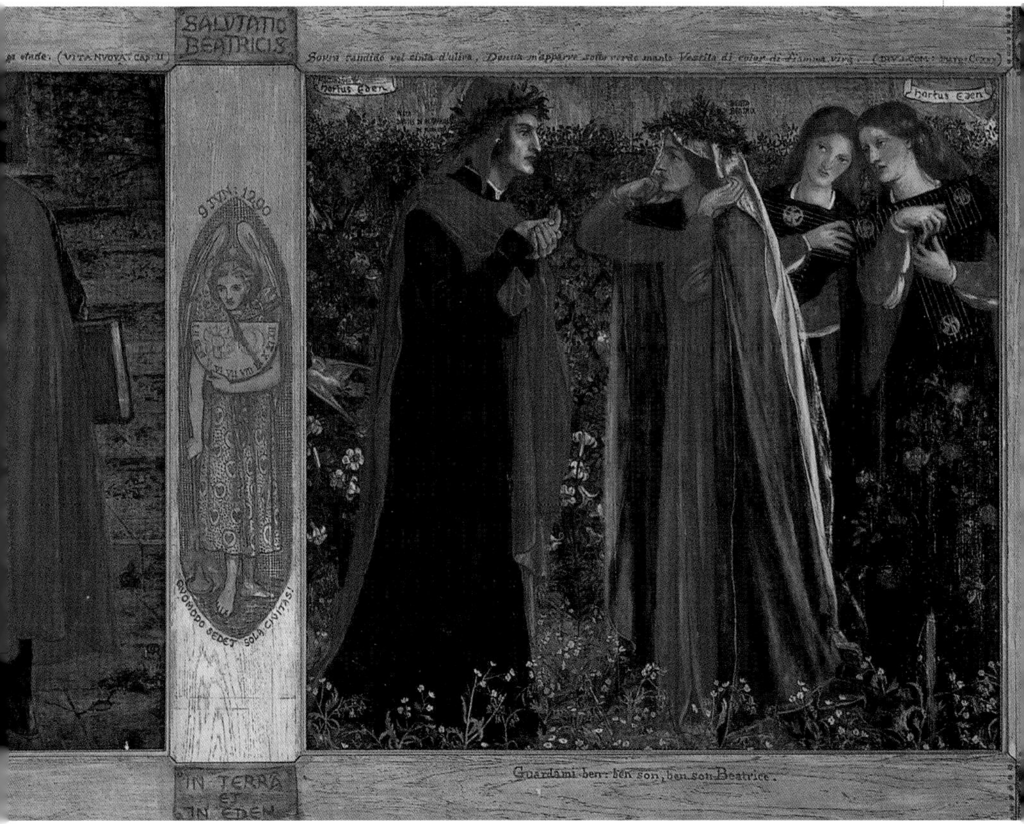
SALUTATIO BEATRICIS
Hortus Eden
Hortus Eden
9 JVN: 1290
QUOMODO SEDET SOLA CIVITAS!
IN TERRA ET IN EDEN
Guardami ben: ben son, ben son Beatrice.

但丁之愛　羅塞蒂作
1859-60年　油彩・畫布　74×81cm
倫敦・泰德畫廊藏

羅塞蒂「但丁之愛」

手拿著日晷儀、愛之弓與箭的愛神站在畫中央，畫面在他身後斜分成日與夜兩部分。他銜接著黑夜與白天，以耶穌頭像為中心的太陽光芒，如羽翅般地放射金黃光芒；在星空中月亮裡的佩雅麗琪頭像，則仰望著耶穌。

愛神有一對紅色的大翅膀，雙手持弓箭交握於胸前，日晷儀白而亮，未顯示時間，象徵佩雅麗琪已死。

羅塞蒂此畫靈感來自「新生」，喻示愛情是宇宙運行生生不息的力量。「那受眷顧的佩雅麗琪現在可以一直看著保佑所有人類的耶穌顏面了。」「神曲」中歌頌著：「愛情感動了太陽與星辰」，使日與夜輪流運轉。

佩雅麗琪與但丁之間，不是人間塵世的世俗之愛，而是精神至恒超脫之愛。「神曲」在「天堂篇」，佩雅麗琪引導但丁共遊天堂時，但丁看到土星天內有個如夢如幻天梯，在金色陽光照射下呈現黃金般耀眼，但丁好像意識到在天梯上上下下間，天上的星辰都在那兒飛舞。

但丁聽到了縈繞著的優美樂曲，在金光躍動中出現動人聲音，天界靈魂為這對世間難得的有情有愛男女歌詠輕唱。

神的女兒——「佩雅麗琪」

曾爲羅塞蒂當過模特兒的瑪利亞·史巴塔利·史提曼（Maria Spartali Stillman 1844-1927），在他的鼓勵之下，她拜師布拉恩（Ford Madox Brown 1821-93），更在題材與風格上深受羅塞蒂影響。

她畫的「佩雅麗琪」，描繪但丁心中那位「神的女兒」——那無可比喻的榮美，充滿了天賦的懿德和令他欽羨的才情（「新生」中語）。

那無可比喻的榮美

在一片綠意盎然的畫面裡，優雅美麗的佩雅麗琪，有著一頭金色捲髮，穿著綠袍，頭披薄綠紗，坐在玫瑰樹下，有著綠格桌布的桌上看書。

她的右手正指著書中某處，臉卻抬起，支著頭，一雙美麗的大眼睛深情地望向遠方，是在思念情郎，亦是懷想書中章節、字句？

她便是讓但丁上天堂、下地獄，魂縈夢牽的夢中情人。佩雅麗琪美得清新脫俗，美得令人摒氣凝神，是讓大詩人創作傳世名作「神曲」的源頭活水。這便是史提曼對「佩雅麗琪」的詮釋。

英國拉飛爾前派畫家羅塞蒂和維多利亞畫派史提曼，取「但丁與佩雅麗琪」倆人愛情爲題的靈感泉源。

史提曼的「神的女兒——佩雅麗琪」畫像，她畫的是一種貞純的儀態，幻想在腦海中激盪出來的美麗形象，像海市蜃樓般虛幻與現實間的美。

全畫以藏青色爲主調，美麗臉頰與動人表情，配上精緻衣著，確實是位可人又清純的美人畫像。

佩雅麗琪在嚴格道德觀念下，舉止高雅，她那彷彿天使般的氣質與善良的心地，把但丁給深深震懾住了。在「新生」詩集裡，但丁投注了對佩雅麗琪滿懷的愛，更變成一股創作的巨大原動力。

佩雅麗琪死時是1290年，時值廿四歲花樣年華，但丁聽到惡耗之後，寫道：「我的靈魂如被刀刈去，什麼也不能安慰」。

「新生」是在佩雅麗琪死後二年寫成，他以各種語言寫出內心最美抒情詩，誓言對她的熱情，也宣洩自己澎湃的情感。

「新生」是但丁在年輕時代愛情，把佩雅麗琪描寫如從天國下凡來的美麗天仙，對她表露絲絲入扣的愛情。但也反映出封閉的婚姻與禁欲的宗教保守觀念，也歌頌人間情愛的無限優美，與柏拉圖式精神戀愛的神聖化。

佩雅麗琪
瑪利亞・史巴塔利・史提曼作
1895年　水彩・紙・硬紙板　57.6×43.2cm

幸福的佩雅麗琪　羅塞蒂作
1877-81年　油彩・畫布　34×26cm
倫敦・泰德畫廊藏

「神曲」前試金石

但丁在文學的貢獻，是把基督教文學予以獨立化，也是集中世紀神學思想之大成，更是近代先知。

他運用的文字，鬼斧神工，燦爛無比。不用文言文，採口語式白話，以詩歌形式，像散文詩，這爲文藝復興起了新文學基礎。

佩雅麗琪超凡界氣質

如果追溯但丁「神曲」文體，應先看「新生」這種類似「雅歌」體抒情詩，這是他寫「神曲」前試金石。

佩雅麗琪那種超乎凡界，不食人間煙火的超塵脫俗，讓人有滌淨心靈之感。他不但靠她在「神曲」中有異乎常人的靈感泉源，還引領他走入「天堂」神仙界看箇究竟。

佩雅麗琪影響但丁一生寫作，他從聖經的啓靈，到歷經刻骨銘心的熾熱愛情，雖然沒有實質的肉體關係，但是精神上的純潔、聖女般的崇拜，卻是如此撼動他的內心深處，孕育出絕世的創作。

微閉雙目的她看到萬代聖者

英國拉飛爾前派畫家羅塞蒂，他最鍾情但丁詩歌，1877年動筆畫「幸福的佩雅麗琪」，他畫了五年還沒有完成，因爲不知道要怎樣才能畫出那令但丁深愛女人的幸福模樣。人家告訴他，佩雅麗琪的眼睛最能傳情達意，他怎麼畫也不能把意象傳達出來，畫像還沒完成，卻在1882年去世。

後來由好友布拉恩補畫背景。布拉恩深知1862年羅塞蒂在夫人西達去世後，對亡妻非常思念，遂醉心但丁的詩篇，也畫了不少但丁詩中描寫的愛情故事。

現在看到的畫像，佩雅麗琪卻雙目微閉，不見淨開，爲什麼呢？

羅塞蒂曾說：「我無意直接描繪死亡，祇是畫佩雅麗琪坐在可以看到佛羅倫斯的陽台上，恍惚間進入神遊暝想，驀然被帶引到天堂的一刻。」

旁邊有一隻白鴿，口裏啣著一束罌粟花，想要放到佩雅麗琪的手中。罌粟花是睡眠與死亡象徵，也可聯想到鴉片，由此也隱喻他對亡妻西達的愛戀與思念。而背景的佛羅倫斯城似乎陷入一片愁雲慘霧，有一股窒息的哀怨，卻又有超脫的瀟灑，羅塞蒂特地選擇這一幕的意象，在佩雅麗琪微閉的雙眸，在那沉寂、散渙的狀態中，冥冥有一種神祕的力量，接引她魂遊天國。

美麗的佩雅麗琪死於1290年7月9

日，畫面右側的日晷儀所指時間為9時，正是她香消玉殞的死亡時間。但丁在「新生」中說，她終於被帶到天國，通過微閉雙目，她看到了「萬代聖者」。

永恒玫瑰花環在但丁與佩雅麗琪前飛舞
杜雷作
1862年　蝕刻版畫・紙　30×45cm

「神曲」催生劑

在五十六年的生涯歲月中，有兩件事是但丁的重大遭遇，一件是佩雅麗琪的出現與死亡，另一件就是將近廿年被放逐的流浪生活。

這兩件對他說來是極悲慘的境遇，是刺激他寫「神曲」動機和催生劑。

「新生」詩集結尾，他寫道：

「在這十四行詩之後，
一個奇特的異象出現，
我看到很多事物，
我不在此刻歌詠這位親愛的人，
在更適合時刻將會到來。」

無限悲傷化為「新生」的詩篇

但丁初次邂逅佩雅麗琪，啓動了埋藏在內心的情愫，雖不曾言語，卻從此認定那是他一輩子的福祉。1290年左右，愛苗已經悄然萌芽，但丁正思索著如何來吟詠這份摯愛時，卻傳來佩雅麗琪魂歸天國的消息。在痛楚煎熬之餘，他誓言要將這段刻骨銘心的愛戀，化爲永恆的讚歌——「新生」詩篇就這麼誕生了。

當然，但丁萬萬都沒想到，後來在「神曲」天堂篇中，佩雅麗琪成了他遨遊天堂的嚮導，成爲他下地獄、上天堂的精神支柱。

佩雅麗琪我心中天使　羅塞蒂作
1853年　水彩・畫紙　40×60cm

以佩雅麗琪的愛為點燈人

但丁寫作「神曲」最大目的，是想把長期飄泊流浪、居無定所、衣不遮寒、飢餓難當的痛苦歲月經驗，爲當時混亂社會尋找人類現世救贖救命的繩索，盼在一線生機裡，對執政貪官作無言控訴，也對貧窮無助百姓予以精神慰藉。

但丁以「聖經」爲本，引用其內容深處的奧底，尤其是「新約」後面的「最後審判」，這個判斷好人與壞人的斷決命運情節，是他靈感激發點，當然他也參考希臘古典文學，聖托馬斯的神學理論。

讓百姓「有夢最美」

他使用當時最通俗的「俗語」，以白話而又簡潔，如歌詠、如清唱般，而以「神學」爲底，採取中世紀夢幻文學方式，寓理想希望在萬般無奈當中，在「現世」與「來世」間審度幸福的含義，這是燃燈人的熱情，免世人再誤歧途，讓愛還諸純眞，讓光明永照人間。

這對際遇「不幸福」而且相當坎坷的但丁，確是小小的期望，他不願上帝子民和他命運相同，祇冀求感謝主的恩寵同時，讓百姓「有夢最美」。

「佩雅麗琪我心中天使」

羅塞蒂對但丁「新生」中佩雅麗琪逝世滿一周年的情節，如此解說著：「在我心愛的淑女獲得永生整整一周

年的那一天，我試著在一塊平板上畫出一個天使的外觀。」但但丁的工作被前來慰問他的朋友們打斷了。

羅塞蒂畫出了深情的但丁跪在窗邊作畫，三男一女的朋友前來慰問他，一位朋友正上前輕撫他的左肩。明亮的日光穿透進室內，明麗、對比的暖色調，使畫面看起來溫馨柔美。

但丁「神曲」

但丁（Dante Alighieri 1265-1321）寫的「神曲」（La Divina Commedia），是以敘事詩來寫「基督教化」題材代表。這些作品都是光芒萬丈，震懾逼人，是十三世紀大家一致推崇最偉大的著作。

P110・111
愛使我們同歸於死　杜雷作
1861年　蝕刻版畫・紙　30×45cm

但丁「神曲」，描寫夢中「地獄界」、「煉獄界」、「天堂界」三界。

「地獄界」、「煉獄界」（又名「淨罪界」）、「天堂界」，各界有卅三或卅四首歌，連同開篇序曲一歌，共百首歌。

每首歌長短平均，約有四十五節左右，每節用三韻句法，即一、三行押中間一行和次節一、三行押韻方式相交參錯，百首歌中，韻律全是如此，如千層鎖鍊，環環相扣，相互銜接，這眞是詩中奇蹟。

散文詩體夢幻文學典型例作

現在看「神曲」寫作方式，雖然是敘事詩手法，但也接近行歌、頌歌，讀來很接近散文詩。這也是中世紀夢幻文學典型例作。

整本「神曲」，規模宏大，形式完整，思想精深，想像豐富，其描寫的生動，不但在基督教文學中是空前，在古今中外各國文學作品中，也是難與匹敵。

「神曲」包含三界，都屬夢中之經歷，而且又是重視押韻的瞑想詩，中文翻譯相當困難，雖然我們發現不少中文譯本，但始終難以顯出其精妙與深度。甚至很多地方，細讀再三，也難懂其奧秘。

但丁屬於十三世紀、歐洲文藝復興名作家，當時的義大利不但蘊育出偉大畫家如達文西、米開朗基羅、拉飛爾……，但丁更在文學領域，與畫家們相提並論。

世界四大詩聖之一

而代表中世紀歐洲文學最高峰的人物，應該是但丁，他與希臘的荷馬、英國的莎士比亞、德國的歌德，共稱爲「世界四大詩聖」。

「神曲」按照基督教信仰結構，將世界劃分爲：地獄、煉獄、天堂。地獄是永劫不生之地；煉獄是有機會悔罪地方；天堂是幸福美滿之地。

但丁以基督教精神爲基礎，放入古代、希臘、拉丁、猶太的名人，融匯整個世界智慧精華。

但丁最崇拜希臘詩聖荷馬

但丁寫完「神曲」時，他對外都稱願把成就獻給荷馬。荷馬是古希臘盲詩人，他最有名創作史詩「依里亞特」與「奧德賽」。他雙眼失明，有傳說他詆毀特洛伊的海倫而受到懲罰。

在安格爾筆下的但丁，手捧著成書

但丁把「神曲」獻給荷馬　安格爾作
1864-65年　油彩・畫布　34×34cm

古希臘盲詩聖—荷馬　安格爾作
1864-65年　油彩・畫布　53×44cm
蒙托旁・安格爾美術館藏

但丁畫像　希紐列利作

「神曲」，獻給心目中詩聖荷馬，他筆下的荷馬，是高貴容貌白髮長者，雙目失明，哲人光輝如夕輝亮麗依舊。

畫家筆下但丁畫像

很多藝術家都喜歡但丁「神曲」故事，並選擇「神曲」中內容為創作題材，像文藝復興前期希紐列利（Luca Signorelli 1445-1523），和英國拉飛爾前派的羅塞蒂，就先後畫了好幾幅但丁畫像，他們畫的「但丁」頭上都戴著桂冠詩人授與的詩人帽，有點像聖誕老公公所戴，有三角尾巴帶球，有的帽沿插支桂冠葉。

羅塞蒂還畫了一幅「喬托為但丁畫像」作品。

羅塞蒂「喬托為但丁畫像」

但丁的作品可以說是羅塞蒂家族中的「聖經」，因此，羅塞蒂在1850年代時，原計畫以但丁與佩雅麗琪感人的愛情故事爲主軸的「新生」（La Vita Nuora），創作十幅水彩畫，雖然後來並未完全成畫，卻也留下幾張柔美典雅的水彩畫。

此外，他也畫了幅「喬托爲但丁畫像」，他以自己弟弟威廉爲模特兒來畫但丁，以自己的模樣畫喬托。前後畫過兩幅同題材作品，1852年的水彩畫中畫了較多人，但在此幅1859年作品中則只畫了三個人。

喬托僅以鉛筆粗略描畫，底色也未塡滿，一副未完成的模樣。但對於坐著的但丁及站在他身邊的綠衣男子，喬托的頭部及作畫手勢，都極生動描繪。但丁一副失了神的模樣，手中拿著紅球、白布巾之類的東西，似仍沈浸在喪失摯愛的傷痛中。

羅塞蒂在1853年寫給朋友的信中，曾提到他想把所有影響但丁青年時期的人、事、物，包括藝術、友情及愛情等影響，以眞實的事件來具體呈現但丁的樣貌。此作便是極傳神、貼切的一幅。

「帕拿巴斯山」三位詩人

佛羅倫斯畫家畫「帕拿巴斯山」，

喬托為但丁畫像　羅塞蒂作
1859年　水彩・鉛筆・乳黃紙　45.7×55cm
美國・哈佛大學佛格美術館藏

「帕拿巴斯山」但丁畫像　佛羅倫斯畫派畫家作
1961年　油彩・畫板　126×120cm
倫敦・威廉美術館藏

俗稱詩人山，那是畫以藝術文學保護神阿波羅爲中心，環繞著他的分管文學、藝術、科學的九位文藝女神，並有古今傑出詩人環繞在四周。

拉琴阿波羅，左邊穿白袍是女詩人繆斯，她的手杖上舉，指出穿綠袍是羅馬詩人維吉爾，他的左邊白髮白鬍失明者是希臘大詩人荷馬，荷馬左邊穿紅粉長袍的即義大利文藝復興詩人但丁，他們三人都戴桂冠榮崇。

但丁與佩雅麗琪

偉大的中世紀文學巨著「神曲」之所以產生，是和一位女孩有關。

這位令他心儀的女孩名叫佩雅麗琪（Beatrice），但丁九歲那年參加迎春祭典，巧遇鄰居富翁波爾蒂的女兒，雙方僅握手爲禮。或是但丁天生感情豐沛，或是詩人氣質、眼界與衆不同，這兩小無猜的一見，道盡人間情事，從此開啓詩人魂牽夢縈的愛戀。

長大後幾次重逢，誠如不見，那又何妨？鎔鑄在詩人心中的熱情早已化作浪漫綺麗的詩篇，被千秋萬代的吟頌下來，暈美了西洋文學的殿堂。

所羅門「但丁初遇佩雅麗琪」

而羅塞蒂的門生所羅門（Simeon Solomon 1840-1905）的「但丁初遇佩雅麗琪」中，已經在九歲末端的少年但丁，在一婦人的介紹之下，與剛步入九歲的佩雅麗琪初次相遇，彼此客氣、有禮地握手。

但丁形容她出現時，所穿著衣飾的顏色極爲高尚，是一種「淑愼的絳紅」，剪裁合度，正適宜她那年紀的風采。「我要說，從那一刻開始，愛統治了我的靈魂，我的靈魂毫無保留地向愛臣服了。」

從那天起愛情竟主宰了但丁

但丁第一次見到佩雅麗琪，雖然沒有開口，但這位詩人卻宣稱：「從那天以後，愛情竟主宰了我的靈魂。」佩雅麗琪永遠是他自己所稱的「心靈中永遠光榮閨秀」。但丁對這素昧平生而祇有一面之緣的小女孩，早已浮現一種神秘的憧憬幻影。

其後，在戀慕的熱忱，和相思的痛苦之中，竭力想找回那幻美的少女。

終於在九年之後——十八歲的那年邂逅了她。這次，他遇見她穿著一件藏青色的曳地洋裝，和兩位婦人在佛羅倫斯街道上走著。

他們仍舊沒有交談，但她卻看見但丁站在路旁，一手扶著石欄，頭戴聖誕帽，欲言又止想向她打招呼。她隨兩夫人走過他面前，她看出但丁如鹿亂撞的心，默默無言地望了他一眼。就因爲這一眼，但丁覺得此刻已經是幸福最高點了。

她那裝著不相識的外表，而蘊含著相親相愛的內心，在詩人的心靈中，早已經銘刻成一個女性的至愛和至美了。多愁善感的但丁，以抒情詩的手法，在1292年發表「新生」，就是爲歌頌年輕時代愛過的女子，祇是驚鴻一瞥的小女孩佩雅麗琪而寫的。但丁

但丁初遇佩雅麗琪　所羅門作
1859-63年　鋼筆・墨水筆・紙　19.4×22.9cm
倫敦・泰德畫廊藏

以抒情、夢幻、寓意、象徵手法，把神祕色彩愛情，抒發感人又悲痛。

「重逢在佛羅倫斯街頭」

而亨利・哈勒代（Henry Holiday 1839-1927）的「重逢在佛羅倫斯街頭」，則是描繪但丁的「新生」中，但丁爲了向世人隱瞞他對佩雅麗琪的愛，而以寫詩歌送給另一位女孩爲遮掩，卻被佩雅麗琪知道了。因此，當但丁與佩雅麗琪等人在街上巧遇，她不僅不再對他瞥一眼，反而生氣地快步離去。等不到那「神奇的眷顧」的但丁站在橋頭，以左手撫胸抓衣，一副緊張、心痛模樣。

重逢在佛羅倫斯街頭　亨利・哈勒代作

1883年　油彩・畫布　139.7×199.4cm
利物浦・渥克藝廊藏

地獄門　羅丹作
1880-1917年　雕塑　635×400cm
東京・國立西洋美術館藏

「神曲」一界——地獄

但丁寫「神曲」，共有「三篇」，即「地獄篇」、「煉獄篇」、「天堂篇」。「地獄篇」是卅四首歌，「煉獄篇」與「天堂篇」各爲卅三首，加上序曲一首，共爲百首。

羅馬詩人維吉爾幽靈相陪

「地獄篇」是但丁卅五歲時，也是1300年的4月7日，復活節前夕，他在一處廣大森林中迷了路，忽然看到前方有著亮光照過來，祇好向光前進，這時已是復活節清晨，但卻被獅子、豹、狼擋住去路，進退不得。

正在此危急時刻，羅馬詩人維吉爾（Vergil），也是他最敬愛的作家，忽然顯身，將他救出來，並邀他同遊「地獄」。「地獄」有九圈（不像中國稱「層」），每圈都有不同幽靈，他（她）們全是有罪在身。

他們倆（其實維吉爾是靈魂）穿過寫有這樣句子的門：

「這裡通向悲慘之城，
通向罪惡的深淵，
通向永陷痛苦的魂靈。
這裡與高天大地同樣永恆。
要走進這裡嗎？
把一切希望都捐棄吧！」

啊！這不就是地獄大門嗎？羅丹的「地獄門」雕刻不就是這般情景。

羅丹「地獄門」告誡世人行善

「地獄門」是十九世紀末，法國政府邀羅丹爲巴黎裝飾藝術館大門製作的青銅雕塑。從1880年到1917年，共花費37年，但羅丹總認爲那裡沒有完成，法國政府也因戰後沒有經費，不敢催促羅丹交件。

門裡上方「思想者」的二旁框柱，有寓意：驕、妒、怒、惰、貪、財、色，七大罪狀人。「思想者」是位強而有力的男子，他一手托腮思索這些罪人，是否已經覺悟呢？

「思想者」下方，分左右兩扇。雕塑全是有罪在身的人，如：左邊弟嫂相戀同時被殺，和繾綣眷戀同赴地獄的保羅與法蘭賽絲卡。右邊雕塑遭囚禁，子孫餓死的伯爵烏哥利諾屍體。

「思想者」後面，一群因罪被判入獄的人，他（她）們希望幻滅，面臨死亡和進入痛苦渺茫地獄。

羅丹在「地獄門」裡，雕塑有但丁「地獄篇」中種種罪惡；還有波特萊爾「惡之華」中海女、山精、貪夫。其中更有被逐出樂園的亞當與夏娃。

羅丹受但丁「神曲」中「地獄」篇

地獄門（局部）　羅丹作

地獄門（局部）　羅丹作

詩歌啓發創作，把人類苦痛集中在一扇門上警告世人。

他另在「地獄門」上，塑造三個人用手指著下面地獄，他們是引導覺醒者攀登步入「天堂」之門的幽靈，也是要告誡世人「多作善行」。

魔鬼擺渡人

「走進這門必須拋去一切願望」，羅馬詩人維吉爾對但丁說。

他們進了地獄門，漆黑一團幽暗陰森，這裡祇是地獄的邊廊，所有自私的、懶惰的鬼魂都在這兒。牠們被馬蜂及大水蜂所螫刺。但丁繼續前進，經過平原，來到「亞開龍河」（The River Acheran），即愁河，也叫冥河，有人叫它地獄之河。

在渡河口處有個老船夫，名叫凱龍（Charon），這位兇惡的擺渡人，又老又醜，眼睛像火輪般，他專門負責把被判入地獄的人，送他們到對面地獄入口處，因此，凱龍有「魔鬼擺渡人」之稱。

帕蒂尼爾「渡地獄之河」

進入「地獄」界前有條河，這條是河？是湖？是海？畫家畫得不一樣，馬德里．普拉多美術館藏，帕蒂尼爾（J. Patenier）「渡地獄之河」，渡過此河，有座城牆入口，從那門進去即是「地獄界」，這條河是冥河，也是愁河，也像中國人稱奈河。

過了陰森奈河，可直漂進「地獄界」入口，那兒深不可測，陰風襲人，鬼火遍佈。

河的左邊小山頭上有天使站崗，那

渡地獄之河　帕蒂尼爾作
1510年　油彩・畫板　64×103cm
馬德里・普拉多美術館藏

擺渡人——凱龍　杜雷作
1862年　蝕刻版畫·紙　30×45cm

是「淨界」入口，穿過樹林，這個是罪過不深，也常做好事者的地方，時晴時雨。

「淨界」繼續進去，那裡是天堂，陽光亮麗，美好事物都在遙遠地方。

杜雷「擺渡人」鬚眉盡白老人

杜雷（Doré 1832-83）「擺渡人」，好像是帕蒂尼爾畫「渡地獄之河」，將擺渡人凱龍局部放大。

每當他載送往地獄之河的人，這位鬚眉盡白老人，站在船上，划著槳，都會大聲喊著：

「罪惡的你們，可憐靈魂！
不要再指望明天，
快跟我走，引你們到彼岸，
走進幽鄉，走進亡谷，走進冰宮。」
凱龍看見但丁，對他吼道：
「快走，這兒不是你故鄉，
你是活人，快離開吧！
這兒都是死人故鄉。」
羅馬詩人維吉爾對他說：
「凱龍呀！你不要阻止，
他是上帝邀來，
我當引導者。」

果然，凱龍也沒阻止，但他冒火的眼睛向岸上看去，那些憔悴又裸著的幽靈，都在咒罵上帝。

引導人羅馬詩人維吉爾對但丁說：

「這些遭逢上帝之怒而死的，
都聚集這地獄裡，
神的正義刺激他們，
他們不來也不行，
最後害怕也會成自願。
善良的人不走這條河，
凱龍趕你走，
你也應明白。」

說也奇怪，船快到對岸，就會讓人驚恐恍惚，一陣雷聲從天劃破而下，等到清醒過來已到岸邊，噢！應該不是岸，是地獄之谷開頭，也是踏入地獄奈何深淵之鄉。

杜雷的插畫，震撼力非常強，人物造型能把但丁的筆下情節活活呈現。

杜雷的畫，細膩深刻，人物的表情重視戲劇效果，像這幅「擺渡人」凱龍，他駕著小舟在驚濤中努力划槳，那一雙閃爍著烈火的眼睛，好像感應到岸上那些衰弱哭號，赤裸身子的鬼魂，不願乘坐那永無光明陰森之船，誰也不想到那奈何深淵。

擺渡人　　杜雷作
最後審判　米開朗基羅作

載不動罪惡「地獄號小舟」

但丁筆下「地獄」，讓人不寒而慄的是那位掌「地獄號小舟」的撐船人——凱龍。他負責載入地獄的人渡過亞開龍河，送到地獄入口處。

米開朗基羅揮槳趕人凱龍

大家印象最深，令人怵目心驚，是米開朗基羅的「最後審判」，畫面下方，那位趕人入地獄的擺渡人凱龍，正揮起長槳，要人快快下船情景。

米開朗基羅畫中的罪人擠得滿船皆是，都快要翻船了。人多慌亂，何況誰都知道跳下去地方，是永無天日的人間地獄，還是黑暗深淵。

長著驢耳朵判官米勒

地獄之河的擺渡人凱龍把被判入地獄的惡靈趕下地獄，長著驢耳朵的判官米勒（右下角），牠有條纏人身子的蛇，任何人經過牠前面，前世在人間罪狀，必須從實招來，如有半點虛假，那如長鞭條猛獸一縮，任何人會嚇破膽，不敢有半句虛假，它像皮鞭般在替米勒執行判官任務。

「最後審判」來自「神曲」靈感

米開朗基羅很喜歡看但丁寫的「神曲」，他的「最後審判」中，升天堂下地獄畫面，很多來自「神曲」詩篇靈感，尤其是下方擺渡人凱龍揮槳趕人下地獄，在擁擠慌亂中，充滿著嚴峻和恐怖的氣氛。

米開朗基羅推崇但丁的「神曲」，用四個字「無可匹敵」形容，他曾告訴友人：「眞希望我是他！若老天容我選擇，我寧願放棄我最美好，換取像他的苦難流放」。

這兒關著不知道耶穌基督的人，也有很多如荷馬等的希臘、羅馬詩人、學者，他們都是地獄界資深鬼魂。

希紐列利「奈何旗下鬼魂」

義大利畫家希紐列利（Luca Signorelli 1445-1523）在奧維也多禮拜堂，有幾幅濕壁畫「世界末日」、「最後審判」等作，也是看了但丁「神曲」的「地獄」後畫的。

他的「地獄」、「奈何旗下鬼魂」與米開朗基羅不同，以生動寫實的手法，畫幽魂擠成一團，冥王舉著「奈何白旗」帶領下，牠們不知要被趕往何方，即使呼喊、求救，也是叫天天不應，叫地地不理，永無希望的鬼魂歲月。

他畫的「判官米勒酷刑」，他的判官不像米開朗基羅筆下的判官米勒，站在那兒不動如山，牠舉起皮鞭，對作惡多端不聽使喚，執行酷刑侍候。

他畫的判官，像半獸、半人，奇醜怪物，牠在地獄執行殘酷的懲罰，讓人看了不寒而慄。

看希紐列利「世界末日」壁畫，像

判官米勒酷刑　希紐列利作
奈何旗下鬼魂　希紐列利作

看中國民間法會時，掛在四周的「地獄十殿」圖般，生前作惡多端，死後必須爲前身的罪過服刑，他們都在黑暗與卑下地獄，在判官酷吏拷打下招供服刑，那也是象徵犯罪的人，必須經過受罰和懺悔，靈魂才能獲救喚回人性，警惕世人不可作奸犯行，古今中外皆然。

保羅與法蘭賽絲卡之戀

「保羅與法蘭賽絲卡」的戀情，在「地獄」第二層上看到倆位當事人，也是第五篇故事：

少女法蘭賽絲卡，天資美麗，面目佼好，身材動人，她與保羅相愛並誓約成親，家人卻乘保羅遠行數日時，朦騙成婚，但嫁的卻是保羅之兄，一個其醜無比的無業男子吉央西托。

婚後十年，她與保羅情愫難盡，經常幽會，久戀難合，兩人痛苦不已。保羅之兄自是綠帽難戴，是以當兩人互通款曲幽會時，被吉央西托捉到，送進宗教法庭，以「通姦」之罪判處死刑。

「神曲．地獄」篇中，這對情侶幽靈，被山谷陰風刮到地獄，接受著胸插長針的苦楚。保羅用大披風擁著愛侶，法蘭賽絲卡展現女性裸體之美，胸前還淌著血，並被深淵強風吹襲，但丁看到這對為愛不計代價的情侶，內心感動不已。

回憶歡樂是個大痛苦

多情種的但丁，對為戀愛而犧牲性命的幽靈，眞是心有戚戚焉。

但丁對詩人說：「我可以跟這兩個合在一起的靈魂說幾句話嗎？」

果然那兩個合而為一靈魂從險惡山谷風吹到他們面前，法蘭賽絲卡對但丁說：「寬和、善良的人，你穿過幽暗地方，如果宇宙之主會聽我禱告，祂將聽到我的祈求，希望給你太平安詳日子，因為你憐香惜玉。」

但丁對詩人說：「是什麼甜蜜的熱烈祈望，使他們走上了這麼悲慘的路呢？」

但丁好像還有話對法蘭賽絲卡說：「你們的悲痛讓我惋惜，你們在命運捉弄之下，會知道彼此尚未說出口的愛嗎？」

幽靈回答說：「回憶歡樂，是個大痛苦，如果你知道我們戀愛根苗，我將含淚告訴你。」

這個情節，杜雷「神曲」插畫，最傳神。

謝弗爾以舞動表現纏綿男女

法國19世紀初，那是古典與浪漫交替年代，謝弗爾（Seheffer）從荷蘭到巴黎，他和德拉克窪都對法蘭德斯畫家，尤其是魯本斯的色彩發生興趣，並吸收英國有點古典畫風趣味，一頭栽進但丁「神曲」題材中。

「保羅與法蘭賽絲卡」現藏巴黎．羅浮宮美術館，畫法蘭賽絲卡緊抱保羅，隨著陰風幽靈被吹起，飄浮在半

保羅與法蘭賽絲卡　謝弗爾作
1855年　油彩・畫布　171×239cm
巴黎・羅浮宮美術館藏

空中。

畫家用披衣加強畫面韻律感，法蘭賽絲卡處在最亮之處，裸體如翱翔之姿，保羅卻在微暗地方，背景一片漆黑，似乎掉入地獄深淵，不知身在何處。謝弗爾大膽的造型魅力，把男女的纏綿，以舞動方式構圖，創造獨特的畫面效果。

瓦茲陰風襲人不寒而慄

英國古典畫家瓦茲（George F. Watts 1817-1904）的「保羅與法蘭賽絲卡」，完全像是被風吹起來的這倆位多情人，因他倆的亂倫，種下被判到「地獄」度過幽怨的沉重歲月，背景黑影幢幢，陣陣陰風寒氣，讓人不寒而慄。

保羅與法蘭賽絲卡　瓦茲作
1870年　油彩・畫布　66×52cm
保羅與法蘭賽絲卡　杜雷作
1862年　蝕刻版畫・紙

一瞬間突然被愛情征服　杜雷作
1862年　蝕刻版畫·紙　30×45cm

多情淚美人？

有一天，保羅與法蘭賽絲卡，爲了消遣午后時光，共同閱讀藍斯洛被愛所俘虜的愛情故事；書中情愛的動人句子，使他們激動不已，目光屢屢相遇，彼此深情相看。

尤其使他們無法抵擋的是書中有一段，那渴望親吻的微笑的嘴唇，被深情愛人親吻時，這倆位發誓永不分離的戀人已無法自持，保羅全身顫抖著親了她的嘴。

這本書就是媒人，從那一天起他們就不敢再讀那本書。

當靈魂保羅說這故事時，法蘭賽絲卡一直在哭泣。但丁不知是感動，還是惋惜這對不該相愛的有情人，還是想起自己的愛情。自己竟暈倒了，像休克般死亡片刻，不知今夕何夕，身處何方？

「保羅與法蘭賽絲卡」之愛，肉慾遠超過精神，「但丁與佩雅麗琪」之愛，精神遠超過肉體，所以後來佩雅麗琪可以帶著但丁共遊天堂。

杜雷「保羅與法蘭賽絲卡」故事

藝術家筆下的「保羅與法蘭賽絲卡」有二種不同面貌，生前他倆同在室內展書閱讀，她是情竇初開，純純美美的少女，而他是翩翩多情俊少年，他在她身邊，情不自禁，輕輕一吻，愛情美妙，人人羨慕。

插畫家杜雷，用精細蝕刻畫，刻出這對爲愛被判入地獄深淵的情侶，成爲幽靈後，被狂風吹起的形象。她全身赤裸，浮遊山谷，以美妙飛舞動勢出現在畫面上。

杜雷是自文藝復興畫家波提且利之後，最傑出的但丁「神曲」著作插畫家，他畫形象不但精確，並以夢幻般的神奇境界，用黑白對襯，常把重點人物，以多樣化情趣呈現。

杜雷本人非常喜愛「保羅與法蘭賽絲卡」赤裸著身子能飛如舞那幅，後來他也畫了一幅同構圖油畫作品。

他的「地獄篇」蝕刻版畫，大約是1862年所作。很多人把這些蝕刻版畫當藝術品珍藏。

「保羅與法蘭賽絲卡」之戀，起初祇是共享午後慵懶時刻的無聊，隨意展書閱讀，竟翻到藍斯洛的愛情故事篇章，藍斯洛是有名的圓桌騎士，在亞瑟王的宮廷裡愛上古尼維爾皇后，這種不該愛而二位竟情難盡，不顧一切，也是甘冒生命風險的愛，不惜任何顧念。他倆竟在一瞬間，突然被愛情征服，不知是一時恍惚，還是儂本多情倆人吻了起來，愛情不設防了。

愛慾者風圈　布雷克作
1824-27年　水墨・淡彩・紙　36×52cm
伯明罕・市立美術館藏

布雷克「愛慾者風圈」激動

布雷克「愛慾者風圈」，畫保羅與法蘭賽絲卡，他倆生前共讀藍斯洛的愛情故事小說，看到情深處，把書一放，不再繼續看下去，保羅深情無法自禁地吻了法蘭賽絲卡。

但丁聽了他們的愛情故事後，竟倒了下去，不知是被多情感動，還是惋惜他們肉慾橫流。

布雷克畫「愛慾者風圈」，隱喻情愛肉慾像暴風圈，席捲大地，令塵土也飛揚，大地不得安寧，在空中像在玻璃球裡相擁抱男女，他（她）們就是保羅與法蘭賽絲卡。

羅馬詩人維吉爾看著倒下去不醒人事的但丁，也嚇了一跳，他摸不著但丁激動的是什麼？

這是描寫「地獄」第五歌插圖。

布雷克是英國近代以水彩、水墨畫插畫聞名畫家，他的水墨插畫，並不是故事的描繪，情節的訴說，而是重視氣氛的表達。

看他的插畫，並不能像欣賞杜雷插畫般，故事人物突出，形象與情節並陳。布雷克捨棄描繪重現，祇把這個情節，用半抽象形體，像繪畫般充滿自主性，不交代內容，也不要問他故事，祇要賞畫般態度即可。

HELL Canto 5

保羅與法蘭賽絲卡　皮科夫作
地獄卷首畫

但丁構思法蘭賽絲卡與保羅　帕頓作
1837年　油彩・畫布　135×178cm
蘇格蘭・國家畫廊藏

保羅與法蘭賽絲卡

在古典的義大利拱廊與美麗景緻映襯下，詩人但丁獨坐在拱廊下低頭沈思著。他右手抓著一大本書，左手支著臉，低頭構思著「神曲」中插曲。

「但丁構思法蘭賽絲卡與保羅」

英格蘭畫家帕頓在圓形拱廊間的天際，畫出了但丁心中所思索著的意象——法蘭賽絲卡（Francesca da Rimini）因與小叔保羅（Paolo Malatesta）偷情，被她的丈夫發現了，憤而刺死他們倆人。他們被判在地獄中永遠相擁著，周遊、旋轉於衆幽靈之間，無法停歇或落地。

但兩人爲彼此眞心相愛而殉情的形象，在但丁和帕頓心中卻是則淒美的典範，如在此畫中的浪漫唯美呈現，完全沒有受懲罰的苦楚或狼狽。

但丁和帕頓的仁慈看待此則插曲，還表現在圓拱廊上方左右兩個三角板壁畫，一邊是「耶穌與通姦婦人」，另一邊是「浪子回頭」的故事，都是描繪「寬恕」的場面。

帕頓將眞實情景與心中幻象同時呈現的表現手法，顯然較受義大利文藝復興藝術的啓發。他重細節與景物和人物心境相呼應的細膩舖陳，不但契合主題，更富詩情畫意的浪漫氣息。

皮科夫「神曲」有木版畫風韻

還是蘇聯時代，1961年在莫斯科的蘇聯木刻家皮科夫（M. Picov 1903-81）發表「神曲」木版畫插圖，他以裝飾性趣味構圖，非常講求木刻版畫木紋效果，小巧精緻，引起很好迴響，很多人認爲是繼法國杜雷「神曲」插畫後，最引人注意作品，當時魯迅最早把他介紹到中國來，本來想幫他辦展覽，後來畫一直沒有寄到，非常可惜。

法蘭賽絲卡畫像　戴司作
1837年　油彩・畫布　142×176cm
愛丁堡・蘇格蘭國家畫廊藏

保羅與法蘭賽絲卡　羅塞蒂作
1855年　素描・畫紙　20×15cm
倫敦・大英美術館藏

戴司「法蘭賽絲卡畫像」

羅塞蒂與威廉・戴司（William Dyce 1806-64）是亦師亦友的關係，戴司是拉飛爾前派的精神導師。對但丁作品著迷的羅塞蒂，一定看過戴司1837年作品「法蘭賽絲卡畫像」，因爲他1855年的水彩作品「保羅與法蘭賽絲卡」，便讓人有「似曾相識」的感覺，至少他應曾參考過戴司的作品。

這幅畫是取材自但丁「神曲」第一部「地獄篇」中的第三篇章，保羅與法蘭賽絲卡坐在圓窗邊看著書，當他們讀到中世紀著名的圓桌騎士藍斯洛（Launcelot）與亞瑟王妻子古恩妮維芮

(Guenevere)偷情的情節時，「便再也讀不下去了」，兩人情不自禁地相擁而吻，四手相握地親密著。

談愛到不知東方既白

英國拉飛爾前派畫家威廉．戴司，他筆下的保羅與法蘭賽絲卡之戀，不管在舞台上，在星光下，這對有情人難分難捨談戀愛，已是星辰隱去，明月快要西沉。

戴司畫的，不是幽靈時代保羅與法蘭賽絲卡，好像是尚在人間時的甜美戀愛，濃情蜜意，如膠似漆，經常纏綿更夜，不知東方既白。

保羅與法蘭賽絲卡　安格爾作
1846年　油彩・畫布　23×16cm
法國・巴隆那・波納美術館藏

保羅與法蘭賽絲卡　安格爾作
1814年　油彩・畫布　35×28cm
法國・香提邑・貢岱博物館藏

安格爾「保羅與法蘭賽絲卡」

安格爾在歷史性大畫之外，也接受周遭好友或較親密贊助者所託，畫些專供私藏秘賞的小畫，其中也包括但丁詩文中的感人愛情故事「保羅與法蘭賽絲卡」，他畫了好幾幅油畫。

這幾幅都以極大膽的色調，尤其是她小叔保羅誇張的肢體動作與配色，他的大膽示愛，引來法蘭賽絲卡丈夫的怒意與殺機，在每幅畫中都是氣得要拔劍殺了他們。

法蘭賽絲卡靜坐著，手上的書掉落凝住在半空中，半開已掉落的書暗示著它的女主人的心已漸開啓融化，已放下已婚婦人的矜持。安格爾巧妙地以色彩來喻示人物的角色、性情與情緒，如法蘭賽絲卡以紅色系為主，隱喻她內心的熱情如火，慾火難消。

而滑溜曲柔的保羅，除了身上佩劍是直的，身體所有的部分似都在蠢蠢欲動著，身軀柔軟扭動、拉長，刻畫極為生動、直接而又大膽。

躲在暗處的丈夫長得一臉的陰險狠毒，他已作勢要拔劍砍殺這對狗男女了。充滿戲劇性畫面氣氛熱絡，扣人心弦。

安格爾此系列畫作，迥異於其他傳世畫作中規中矩、一板一眼的嚴肅面貌，連浴女、裸女都是一副「神聖不可侵犯」的模樣，反不若這幾幅穿戴整齊的偷情畫，看了讓人臉紅心跳的悸動不已，令觀者有種偷窺、看好戲的樂趣。

安格爾是古典畫派大師，此系列畫作具有古典派如雕刻般人物造型，像擬人化般眞實。

保羅與法蘭賽絲卡　安格爾作
1819年　油彩・畫布　48×39cm
法國・昂熱美術館藏

保羅與法蘭賽絲卡　安格爾作
1834年　油彩・畫布　29×33cm
紐約・私人藏

保羅與法蘭賽絲卡之愛　羅塞蒂作
1855年　粉彩・畫紙
倫敦・泰德畫廊藏

保羅與法蘭賽絲卡雕像　蒙羅作
1852年　大理石雕刻
伯明罕・市立美術館藏

「保羅與法蘭賽絲卡雕像」

在「拉飛爾前派」時興於從文學作品中取材的熱潮中，引領風騷的畫家羅塞蒂，對但丁浪漫愛情故事及他作品中的愛情傳奇始終情有獨鍾。

羅塞蒂「保羅與法蘭賽絲卡」

羅塞蒂約於1849-55年間，以各種材質去探究但丁「神曲——煉獄」篇中，最感人的悲情愛侶保羅與法蘭賽絲卡。尤其是那最觸動人心的偷情、忘情擁吻情節，更是吸引羅塞蒂及其它藝術家，一再加以詮釋、演繹的經典畫面。

以羅塞蒂1855年的粉彩畫爲例，保羅與法蘭賽絲卡坐在圓型窗台前，忘情地擁吻著。兩人握著對方的手，法蘭賽絲卡似欲拒還就，情不自禁地回應著保羅的深情親吻。一本大本的彩色書攤在兩人的膝上，顯然兩人的激情是受到書中故事所催化與助長。閉著眼睛的深情擁吻，兩人早已不計後果、不顧一切地融爲一體，沈浸於愛河中。

「保羅與法蘭賽絲卡雕像」

同樣的場景，也出現在同時期的其它藝術創作中，如一向與「拉飛爾前派畫家」關係密切的蒙羅（Alexander Munro 1825-71），也在1852年接受威廉・葛雷史東（William Gladstone）的委託，創作了大理石雕像「保羅與法蘭賽絲卡」。

較之羅塞蒂的激情，蒙羅的表現方式更含蓄、柔情。保羅靠近法蘭賽絲卡，右手壓在書上，轉身親吻她的臉頰，法蘭賽絲卡嬌羞地低頭閉眼，不敢回應，款款深情自然流露。

Quel giorno

致命的擁吻　羅塞蒂作
1855年　粉彩・畫紙
倫敦・泰德畫廊藏
法蘭賽絲卡私會保羅　哈雷作
1888年　油彩・畫布

法蘭賽絲卡私會保羅

在但丁淒美詩文中永世的戀人保羅與法蘭賽絲卡，致命且宿命的幽會場景，仍深深吸引許多藝術家揣摩、懷想著，像深受此不倫戀情感染的羅塞蒂，以及其後的哈雷（Charles Edward Hallé 1846-1919）。

輪迴不悔的糾纏愛戀

1855年，羅塞蒂也創作了包括「致命的擁吻」在內的三連畫。畫出了但丁「神曲——煉獄」篇中，被判終身相擁在空中無止盡地盤旋的保羅與法蘭賽絲卡。他們因那「致命的一吻」而雙雙殉情，並在煉獄中爲這段不倫之戀受苦。羅塞蒂也畫出但丁的感傷之情。

哈雷「法蘭賽絲卡私會保羅」

到了1888年哈雷的「法蘭賽絲卡私會保羅」一作中，我們則看到了「拉飛爾前派」理想唯美畫風，與「維多利亞盛期」風俗畫、激情表現的完美融合。哈雷延續了羅塞蒂式的題材，在人物表現上又令人想起伯恩—瓊斯的英雄式畫風，在庭院噴泉邊私會的詩意場景，則有雅瑪—泰德瑪（Alma-Tadema 1836-1912）的唯美與浪漫。

保羅一把將法蘭賽絲卡摟了過來，兩人四眼深情對望，互訴衷曲，顧不得兩人共讀的書本已掉落在地上。

祇管情愛那管明日在何方

保羅與法蘭賽絲卡，初識時，一位是劍術高妙，出手奇快美少年，一位是美若天仙純少女，他們應該是天作之合，完美一對。

法蘭賽絲卡，常在仲夏夜時，看藍斯洛的愛情傳奇。她回憶說：「有一天，我們在悠閒餘暇，共讀藍斯洛的戀愛故事，當我們讀到那微笑的嘴唇被情人親吻時，他激動的親了我的耳下頸部，我全身顫動，血液澎湃，恨不得互通相融合。」

激情也挑起但丁沉寂之愛

在但丁「神曲．地獄篇」中，當法蘭賽絲卡這位動人幽靈泣訴完了，但丁一時給他們的眞情感動，竟暈倒在地，像休克般死亡片刻，不知今夕何夕，此地何處？

保羅與法蘭賽絲卡之戀，肉慾之愛遠超過精神，他倆被判入地獄。然而但丁與佩雅麗琪之愛，精神遠超過肉體，所以但丁才有機會跟佩雅麗琪共遊天堂。

歌頌「法蘭賽絲卡之愛」？

「保羅與法蘭賽絲卡」不但羅塞蒂喜歡畫，其他畫家也愛選擇這題材。

羅丹歌頌情愛的自我故事

近代雕刻家羅丹，在他的「地獄門」巨作裡，那兩扇巨門裡，他雕塑但丁「神曲」中，地獄鬼魂呼天吶喊，和沉淪在痛苦深淵的無奈。

羅丹在「地獄門」中沒有忘記「保羅與法蘭賽絲卡」這位多情而悲情戀人，他倆擁吻摟抱，輾轉滾動，熱情似火，如無人境界，天上？地上，好像祇此一對，不知今夕何夕，有「愛」最美，天可長、地也久，永無絕期，沒時盡。

「愛情」對羅丹說來，體會比一般人更透徹更深入，藝術家特有的浪漫與生俱在，靠他歌頌愛情，也將自己情愛之美，投擲進去，入木三分。

他在製作「地獄門」保羅與法蘭賽絲卡後，意猶未盡，雕刻不少小品，以大理石、泥塑塑成，雖是小件，但神情俱在，對象中的保羅，好像他自己，而法蘭賽絲卡不正是卡蜜兒，他的「如蜜般美人兒」模特兒。

羅丹一向歌頌女性之美，他在自述裡說：女人肩膀，眞是完美曲線啊！女人胸部，飽滿豐挺，堅實柔美，美妙無比呀！女人臀部，多麼地神奇起伏！軟玉溫香。啊！非人間所有！

保羅與法蘭賽絲卡　羅丹作
1886年　銅雕　29×60×28cm

羅丹雕刻保羅是自我化身？

羅丹有「近代雕塑史中的但丁」之譽，他的雕刻成就在法國，就如詩人但丁在義大利的詩聖一般。

羅丹是在舊古典主義最後一位，但他另隻腳卻踏進現代派的門坎裡。他是用古典主義鍛鍊到的成熟與精緻，但沒被傳統所束縛，以新思潮揉入古典精緻中，在他那有力雙手捏塑下，如巨濤澎湃，如重拳擊打，每件作品都震撼人心，強而有力。

「地獄門」人類浮沉幽靈

他雖然成名於「青銅時代」，但確定雕刻地位卻是在完成「地獄門」之後。羅丹應邀製作「地獄門」時，是接受法國總理兼外長甘比塔之邀，總理有感於當時法國社會，創傷未癒，動亂不安，充滿憂患年代。

他在構思時，想到文藝復興大師米開朗基羅最稱頌，當時在佛羅倫斯洗禮堂的青銅作品「天堂門」。他決定選擇義大利詩聖但丁的「神曲」地獄篇爲主題，展開二面「人間地獄」的雕刻畫面。

但丁「神曲」地獄篇，本來就是羅丹最熱衷詩章，象徵犯罪的人類經過受罰和懺悔，靈魂與精神交戰，生與死的搏鬥，在黑暗的幽居歲月裡，像

保羅與法蘭賽絲卡　羅丹作
1905年　大理石雕　81×108×65cm

地下幽靈浮沉。

羅丹以一顆對人類種種不幸深感同情，充滿憐愛的悲傷情懷，以同感身受，將人類一切情慾，痛苦和苦楚，在無望世界裡掙扎。

在那扇銅門上，將「神曲」地獄篇故事、人物找到合適位置，濃縮在一扇門上。

這「地獄門」他從1880年接受任務開始，到1917年去世，整整27年間，羅丹主要精力全投入「地獄門」上。

羅丹在漫長創作「地獄門」時，愛上親自前來向他求教女模特兒卡蜜兒小姐，她年輕貌美，比他小24歲，才華橫溢，除了有一對深情眼睛外，還具有令羅丹夢寐企求的美好身材。

羅丹形容她：「眞正的青春，貞潔的妙齡的青春，全身充滿新的血液，

保羅與法蘭賽絲卡（局部）　羅丹作
1905年　大理石雕　81×108×65cm

保羅與法蘭賽絲卡　羅丹作
1905年　大理石雕　81×108×65cm

P158・159
戀人（局部）　羅丹作
1905年　大理石雕　95×82×40cm
巴黎・羅丹雕刻美術館藏

體態輕盈而不可侵犯的青春。」

羅丹又說：「她的美有一種神聖的規律，自然又盡善，難得又熱情。」

保羅心目中法蘭賽絲卡不是也這般的動人，羅丹把跟卡蜜兒，昨夜雲雨之顛盪，雕刻成好幾件大理石或銅雕「保羅與法蘭賽絲卡」小品，令藏家愛不釋手，是權貴公子收藏珍品。

但丁之筏　德拉克窪作
1822年　油彩．畫布　189×246cm
巴黎．羅浮宮美術館藏

德拉克窪「但丁之筏」

巴黎羅浮宮美術館藏，德拉克窪作「但丁之筏」，又名「但丁與維吉爾渡冥河」，他倆乘著小舟，在薄弱微光下，往河那邊慢慢划行，忽然，河中冒出一具具浮屍，有的看見可救命小舟，拼命拉住舟邊，小舟經不起兩邊拉扯，起伏動盪。

但丁與詩人維吉爾都站立在船上，驚愕得突然舉起右手，神情緊張，暗青色水上，激起素白波光，在水中軀體有的已死亡，有的仍在掙扎，這是悽苦悲慘畫面，令人怵目驚心，不寒而慄。

走入「死亡之鄉」的鬼魂

「但丁之筏」並不是投入「救亡之旅」，而是走入「死亡之鄉」。但丁戴著紅色帽子兼披肩，穿藏青衣服。羅馬詩人維吉爾披著暗咖啡帶紅外袍，他倆跟背景的漆黑，浮屍的慘白，藏青河水，呈現浪漫派特殊強烈對比。

冥河的恐怖，不祇呈現幽暗色彩，但丁高舉右手，與其他在河裡浮沉浮現的無助雙手，也呈現強烈對比。

德拉克窪在此，掌握著戲劇效果的人物配置與手勢，畫面動勢力量，波瀾起伏意味苦難來臨，在恍惚中那舉起右手的但丁，好像在吶喊：「這船

但丁與維吉爾渡冥河
杜雷作
1861年　蝕刻版畫・紙
30×40cm

地獄冥河上鬼魂
皮科大作
木刻畫　10×10cm

航向何方？」

眼前身後一片漆黑，那不是鬼域？不是冥河？還會是什麼地方？

這是1822年畫的，當時他年輕，僅廿二歲。

杜雷插畫展「地獄」幽靈

杜雷為「神曲」插畫所作的「但丁之筏」，那是描繪但丁的「地獄」之旅，走入第五圈，原文第八篇，但丁與維吉爾在冥河上首見幽靈：

「我們的船行在鬼沼上，
忽然水裡冒出一個靈魂，
滿頭滿腦是污泥，他說：
你沒有來過這裡，你是誰。
我回答他說：
我雖然來這裡，但不留在這裡，
你是誰？弄得這麼邋遢？
他答道；
我是淚海中一個
該死的靈魂呀！
你傷心待在這兒吧！
雖然你的眞面目給污泥遮著。
憤怒的靈魂啊！
在陽世的時候，
你妄自尊大，無惡不作，
現在你鬼影子還在此咆哮，
這裡還有自命大人物的人，
像蠢豬沉屍般躺在這裡，
任河域浮載浮沉，
必將遺臭萬年。」

買賣聖職的教皇　布雷克作
1824-27年　水墨・水彩・畫紙　52×36cm
北海道・近代美術館藏

永持折磨有罪之人

在這長詩篇中，但丁根據自己的愛恨，把歷史上和當時的一些人物，分別把不喜歡的人安排在「地獄」，把好人安排在「天堂」裡。

他把許多假面孔人物，包括主教、僧侶，都寫進「地獄」，受永久的折磨以抵其罪過，甚至當時羅馬教皇也在「地獄」裡，留給他一個火窟。

布雷克意象趣味水墨插畫

北海道近代美術館，收藏一套英國浪漫派畫家布雷克（William Blake 1757-1827）以水彩畫繪製「神曲」插畫，其中「買賣聖職的教皇」，那是在畫「地獄篇」第八圈第19歌，他抨擊聖戰買賣的無恥，也對收賄者予以懲罰的描寫。

「地獄篇」詩歌上說：

他們的腳上都有烈焰騰翻，
他們的腿肉哆嗦得那麼厲害，
任憑甚麼繩索和鐵鏈都會掙斷。

布雷克的水墨插畫，他重視是意象表現，不像杜雷木刻插畫那麼逼真，他重視是藝術家對故事意念的轉化，並不是全然如照片逼真寫實映照，所以看布雷克插畫，不必刻意想在畫面上看到什麼，也不必對照書內容。

散佈不和與製造分裂下場

他描寫「地獄篇」第28歌「散佈不和與製造分裂者」，前面哭著走的是生前散佈不和製造分裂者。拿著刀的長翼正義者，隨時會把他們殘酷地劈開。每次順著這條奈何路繞一圈後，正義者就把刀刃重新加在他們身上。

一個無頭的軀體，像那一群淒慘的鬼魂中，其他罪人般行走；他自己揪住自己頭髮，提著割下來的頭，像提燈籠般擺動著。

那顆頭注視著但丁和維吉爾說：

「散播不和者，
你看我怎樣把自己撕開！
看穆罕默德被砍傷得多麼厲害！」

誰是穆罕默德呢，就是右邊那高舉已斷手的。

杜雷「身首兩處的魂靈」

杜雷「神曲」插畫集中，但丁與維吉爾在檢視倒地呻吟的傷兵時，看見一個沒有頭的身軀在行走，更奇怪是右手提著他自己頭顱，像提燈籠般的頭顱，竟朝但丁和維吉爾呻吟起來，

HELL
Canto 19

身首兩處的魂靈　杜雷作
1862年　蝕刻版畫・紙　30×45cm

散佈不和與製造分裂者　布雷克作
1824-27年　水彩・水墨・畫紙　37×52cm
北海道・近代美術館藏

頭顱已從自己身上被砍下來，還能站立走動，難道有什麼委屈，要向活著的人投訴，有什麼不白之冤，可以得到平反嗎？

原來頭顱被自己當燈籠的人，是向英格蘭幼主亨利王子進讒言的名叫伯特朗，他向著但丁與維吉爾申訴說：「我太委屈！太冤枉！有誰比我的刑罰更重，把這消息帶到人間好嗎？」

伯特朗的進言，使亨利王子與老父反目，父子如仇，他分裂了人家的血統關係，才遭到身、首兩處的殘酷懲罰，他的頭顱也就離開了必須賴以維生的身軀。

冥羅王的裁決

布雷克畫「地獄」第五歌1-24的畫面，那是從地面上要轉進「地獄」起頭，一位長相可怕，長髮拖地，白鬍長及腹部，咬牙切齒，手執尖刃，尾巴可當鞭條的冥界之王、地獄的審判官——冥羅王邁諾斯。

執行罪人鞭條與招供工具

他審查進來幽靈，判他（她）們罪行，再送往執刑地層。當幽靈進來，一一招供自己過錯，陰森恐怖的氣氛讓罪犯全部供出，沒膽敢欺騙說謊。冥羅王用尾巴繞住他身子，那條可長可短尾巴，不但可當裁決令，還可測謊，祇要他尾巴一緊，罪犯趕緊從實招出。

那尾巴繞的圈數就是幽靈該去的層數，層數越多表示生前罪過越大，幽靈們一一自承過錯，別的幽靈在旁聽著，最後，一陣旋風，把牠們颳下該去的地獄層次。

冥羅王看見但丁，縮起尾巴，對他說：「你也到這個充斥著痛苦的地方來嗎？你是怎樣進來的？你得到了誰的允許？不要以爲地獄的入口處很寬闊，就可以隨隨便便地闖進來！」

但丁和維吉爾聽到悲慘的聲浪，哭泣的男女，對對幽靈相擁相抱不捨分離，他（她）們相愛如相煎，命運被撥弄，顛之倒之，上窮碧落下黃泉，在呼號在痛苦，詛咒冥羅王神力。維吉爾對但丁說：「這是罰荒淫之人，都是流連於肉慾，忘記理性的罪惡靈魂，東飄西盪，他（她）們像孤雁，聲聲哀怨，刺人心骨」。

他們看見以前荒淫無度的女皇塞密拉彌斯；因她而血流成河的海倫；因戀愛遭人暗算的英雄阿基勒斯……。

那對在半空中相擁相抱的是誰呢？噢！保羅與法蘭賽絲卡，但丁想跟他們說幾句話。

「巨人放下但丁」安提阿斯

布雷克畫「巨人放下但丁」，「地獄篇」第31歌後面場面。巨人安提阿斯（Antaeus），他如波羅格那之斜塔，人立一邊土地將傾側，仰望白雲向前飄過，甚至白雲不動，大地不勝負荷，慢慢下陷。他一彎腰，如斜塔下傾，大地天搖地動，使人生畏。

他一彎下身，輕輕地把但丁和維吉爾放到那吞沒了盧奇斐羅和猶大的地獄底層。

他把我輕輕放在深淵的盡頭，
那裡隱沒著盧奇斐羅與猶大，

地獄審判官——冥羅王　布雷克作
1824-27年　水彩・水墨・畫紙　37×52cm
北海道・近代美術館藏

而他卻並不彎腰在那裡停留。

但丁也在第九層看見造巴別登天高塔的寧錄，有幽靈說道：「寧錄造高塔，變亂語言，爲耶和華所忌。」但丁把他描寫成胸前掛著號角。

中世紀卻傳說，巨人的話，爲阿拉伯語，意即：「尊敬我在地獄榮光，因爲我在世時已輝煌」。看來在地獄作巨人也非易事。

HELL Canto 31

巨人放下但丁　布雷克作
1824-27年　水彩・水墨・畫紙　37×52cm
北海道・近代美術館藏

安提阿斯放下但丁與維吉爾　杜雷作

安提阿斯放下但丁與維吉爾

杜雷在「神曲」插畫中，描寫巨人安提阿斯，安提阿斯是誰，他是個巨人，孔武有力，曾和希臘神話中的英雄海克力斯摔跤，海克力斯和安提阿斯兩人的力量和勇氣奇大無比，他倆都有以寡擊衆，戰勝邪惡記錄。

每個人都不知道巨人安提阿斯與海克力斯，到底誰比較有力，慫恿倆人摔跤比個上下。安提阿斯因曾拒絕與奧林匹斯山上衆神作戰，所以未被束縛。因爲他在地獄裡還存活老命，祇有他這位鬍鬚長及腰間，手腳肌肉飽滿，力量沒處發揮，維吉爾拜託他把他們送到地獄深淵底層，也是「地獄」第九層。

告訴我，你是誰？　杜雷作
1862年　蝕刻版畫・紙　30×45cm

煉獄是淨罪之界

「地獄」是世上已犯罪者，和不知耶穌基督的罪人。

「煉獄」是基督徒滌淨生前所犯罪惡的淨罪之山，所以也稱「淨界」。

天使引但丁出了忘川進入淨界

天使從「地獄」第九層，巨人安提阿斯放下他倆地方，帶引但丁和維吉爾出了「忘川」（地獄與煉獄交界），來到「煉獄」門口，但丁寫道：

「在那裡，
人類洗淨自己靈魂，
因而才有資格進入天堂……」

安提阿斯（Antaeus）是誰？在希臘神話裡，他是海神普西頓（Poseidon）和地母之神姬亞（Gaea）所生的巨人，只要他跟大地接觸，他的母親地神就不斷賦予新的力量，他總是所向無敵。安提阿斯常用來說明一個人只要不脫離祖國和人民才會有力量。

「煉獄」第一層進口處有座平台，過了平台，有三個階梯，每個階梯都用不同材質、不同色彩砌成。登過階梯後，有一個金剛石門檻的「煉獄之門」。

但丁與維吉爾兩人來到門口，看見一位守門人，手中握了把劍，閃閃發光，不作聲也不可逼視。但丁請求他開門，守門人用劍鋒在但丁額頭上，刻了七個「Ｐ」字，並對他說：「你進去以後，務必洗清這些傷痕，消除這七種罪過。」

七個「Ｐ」代表七大罪惡：驕傲、妒嫉、憤怒、怠惰、貪財、貪食和貪色。但丁每遊歷一層煉獄，每層都有一位天使替他拭去一個「Ｐ」。

貼在塵土蛇行的悲苦歲月

但丁與維吉爾到了「煉獄」的第五層，看見一大堆的幽靈躺在地上哭泣哀嚎！但丁聽見幽靈告訴他：這些幽靈貼在塵土上，包括教皇阿德里安五世，他在世時視財如命，眼睛祇盯著地上，找人家遺失的財寶，不向上天祈禱，不重視精神修養，現在就讓他們趴在塵土上。

但丁在人群中，看到法蘭西國王卡貝特，卡貝特對他說：

我是一棵壞掉的樹根，
不祥的影子落在基督教國土上面，
使那裡不能再收穫好的果實。

卡貝特貪財忘了治國，子孫們也利

PANNEMAKER-DOMS. Sc.

用權勢取得不法珠寶，惡行無數，一家爲害法國，也波及義大利。

杜雷的插畫，但丁與維吉爾看見這些不講究節操，貪財如命者，淪落到如蛇在地上爬行的悲苦歲月。

地上悔罪魂靈

但丁和維吉爾，小心翼翼地在悔罪而趴在地上的魂靈上面行走。維吉爾提醒但丁，不要踩到他們。那些可憐的魂靈們發出陣陣哭喊，其中有人自稱「貪婪不是罪」，也有人訴說「自甘貧寒」乃美德也。

維吉爾要但丁趕緊趕路，聽不了魂靈的細訴哭號，說時遲那時快，一陣天搖地動竟讓這群魂靈出奇安靜，他們對生死完全沒有感覺。

此時忽然聽到了讚美詩：「在至高之處榮耀歸於上帝！在地上平安

留心地上悔罪魂靈（局部） 杜雷作
1861年 蝕刻版畫・紙 30×40cm
奔跑魂靈驚醒但丁和維吉爾 皮科夫作
木刻畫 10×10cm

歸與喜悅的人！」

過不久，有位魂靈竟對他倆問候起來：「親愛的兄弟呀！願上帝賜予你們幸福平安！」

但丁問那位友善的魂靈，爲什麼剛才地震大家出奇平靜。

魂靈說：當煉獄中的幽魂罪除盡時，就可以升到天國，此時煉獄山會發出地震，山間也出現讚美詩，祝頌他升上天堂。

拉・碧亞的怨嘆！

但丁認爲「煉獄」是撒旦創造出來的山，山頂接連「天堂」，山底就是「地獄」，這是中間地帶，但丁與維吉爾到達那邊，他寫道：「在那兒，人類洗淨自己的靈魂，才有資格升上天堂……」

「靈魂」在「煉獄」中淨化了心靈後，可以前往「天堂」之路；但地獄的「幽靈」永遠留在「地獄」當鬼。

淨土露天下之地

「煉獄」也稱「淨獄」，它是淨土露天下之地，環繞這淨土便是山的四周陡坡，這淨土有七個圈層，每一圈層都與中世紀教會所認爲的七個死罪相呼應。

在較下一層是贖靈魂之罪，在第四層是贖靈魂與肉體之罪的，在三個最高層僅贖肉體諸罪。每一層之首，都有某種罪惡相反的某種善德的例子。在每層要結束之處，都站立著一位天使，以象徵某種的善了結束之地。

羅塞蒂「拉・碧亞的怨嘆」

「煉獄」第5歌中，歌詠著拉・碧亞・德・托洛梅伊（La Pia de Tolomei）。拉・碧亞是誰，她出生在西耶納，文藝復興早期義大利有所謂的「西耶納畫派」，就是發生在佛羅倫斯北邊地方，她是托洛梅伊家族的女子，嫁給涅洛爲妻。

涅洛曾任沃爾特拉和盧卡兩地行政長官，以及托斯卡納地區保安隊長。1295年，拉・碧亞突然在西耶納的沼澤地中溺死，關於她的死，有不同說法，一說涅洛懷疑拉・碧亞跟別人有姦情，一說這是她丈夫幹的，把她謀害好和另一位女子結婚。

在「煉獄」中，但丁看見她，她向他怨嘆：「殺了我的人，是把寶石環套在我手指上的人，他非常明白爲什麼毀了我」。

但丁在「煉獄」裡遇到了拉・碧亞的靈魂，她美麗依舊，金髮及腰，穿著一身金色洋裝，身旁的聖經有念珠與十字架壓著，左上方天空經常有烏鴉給她報不平之鳴。

羅塞蒂畫「拉・碧亞的怨嘆」，她摸著手指上的婚戒並不平地嘆怨，她向但丁表明自己的清白無辜。當時，她的丈夫涅洛尚在人間，也跟那位女子結婚了。

羅塞蒂都是以他的「創作的繆思」——珍・莫利斯爲模特兒畫的，她那濃眉大眼，以及一頭捲曲飄逸長髮，眼神雖哀怨但氣質出衆。

拉・碧亞的怨嘆　羅塞蒂作
1868年　彩色鉛筆畫　66×81cm
英國　倫敦・私人收藏

拉・碧亞的怨嘆　羅塞蒂作
1868-81年　油彩・畫布
106×122cm

「利亞與拉結」物語

「利亞與拉結」在煉獄

「煉獄」第27歌中，提到舊約聖經「創世紀」中，雅各的舅舅拉班，有二位女兒，小女兒拉結非常可愛，雅各想娶拉結爲妻，舅舅拉班對他說：「你替我做白工七年，我就把拉結許配給你。」

雅各爲了要娶得美人歸，乖乖替舅舅做了七年工，七年到了他要求趕緊把拉結嫁給他。白工七年結束，舅舅拉班允許雅各娶他女兒，但阿拉人結婚，臉部是用面紗蒙起來，待他發現娶到的人是拉結姐姐利亞，不是自己喜歡的拉結，他跑去跟舅舅理論，舅舅說：「阿拉人的習俗，家裡女兒要大的先嫁，所以你必須先娶利亞」。

舅舅繼續說：「如果你還想要娶拉結，你必須跟我再工作七年」。

雅各娶了拉班兩個女兒，雖然自己比較喜歡拉結，但利亞卻爲雅各生了六個兒子和一個女兒。

後來，拉結也懷孕了，而且生下一個男孩，這個男孩取名約瑟，這位約瑟是誰，就是長大後被哥哥們出賣給過路商以實瑪利人，後來卻在埃及當了一人之下，萬人之上的宰相。他治國有方，別國到處鬧飢荒時，埃及卻處處糧盈倉滿。

羅塞蒂「利亞與拉結」

羅塞蒂「利亞與拉結」，描繪這兩位姐妹，妹妹拉結穿藏青色洋裝，姐姐利亞穿紫紅色洋裝和暗色披肩。

穿紫洋裝的拉結坐在噴泉邊低頭默想，而另一旁的利亞則伸手去拉扯、玩弄著噴泉邊開滿了白花的爬藤類植物。兩個人身處一片綠意盎然的草地上，她們的後方是一大片森林。

姐妹倆出現在但丁的「煉獄篇」第27歌中，利亞象徵「行動的人生」，而拉結則象徵「靜觀的人生」。

但丁在畫面上的左上角，只是一個小小的人在園中走著，第27歌這樣寫著：「但丁在幻象中，見到象徵『行動』的利亞，和象徵『靜觀』的拉結兩位姐妹。」

杜雷「採花的利亞」

杜雷在「煉獄」插畫中，畫了很美插圖，那是描寫但丁筆下的利亞。

我在夢中看見一位貴婦人，
她年輕又漂亮，
在長滿野花的草原上採集花朵。
她唱著這麼一首歌：
「是誰在問我的名字嗎？
我是利亞，

利亞與拉結　羅塞蒂作
1855年　水彩・畫紙　36×31cm
倫敦・泰德畫廊藏

採花的利亞　杜雷作
1861年　蝕刻版畫・紙　30×40cm

三種聖德的三位仙女　杜雷作
1861年　蝕刻版畫・紙　30×40cm

我每天用雙手，
採花是爲做個美麗花圈。
我要把自己，在花兒陪伴下，
在鏡裡看得更可愛」。

利亞用自己的雙手裝飾自己，她用「行動」靠自己動手來自然美化。她妹妹拉結，從未離開過她的鏡子，每天無時無刻對著鏡子仔細端詳，看著鏡中自己漂亮的眼睛而喜悅，她滿足於「靜觀」。

象徵聖德的三位仙女

利亞與拉結採花織夢忘川河旁，是通往天堂附近，那兒已經遠離煉獄的魂靈，花香鳥語，樹木蒼翠，河水清澈，處處可見。

但丁在河岸看見廿四位長老走過，還有四個活物，噢！那是約翰「啓示錄」中，在上帝寶瓶宮旁才可見到的嗎？更美的畫面隨即出現在眼前，象徵信、望、愛三種仙女在起舞。

高處有榮光之神　布雷克作
1824-27年　水彩・水墨・畫紙
北海道・近代美術館藏

高處有榮光之神

但丁與維吉爾走過貪財幽靈，來到第六層交界處，忽然聽到歌聲，幽靈們齊聲合唱：「高處有榮光之神」，原來詩人斯塔提烏斯已經歷五百年煉獄，受到滌淨和赦免，可以登上山頂樂園。

第六層是清淨貪食之罪，大家坐在甘露般山泉水旁邊，聽泉音解渴，累積絕食的苦行。

第七層爲洗淨淫慾之罪，在火焰旁接受熾熱火爐的酷刑，累積火烤般嚴厲修行。

在「煉獄」中總有悔過機會，滌淨罪過，可獲重生。

代表三種象徵三個色彩

英國布雷克，他繪「信、望、愛」象徵，他們在神秘遊行隊伍中，遇見三位仙女在舞蹈，三人三種顏色，代表三種美德：白色爲信仰，綠色爲希望，紅色爲慈愛。另外還有四位紅衣仙女負責帶唱，隨著她們的歌聲調節舞蹈動作快慢。

但丁在細雨紛飛中，看見了一位聖女，那就是佩雅麗琪，頭戴橄欖葉花冠，面蒙白色輕紗，肩披綠色斗篷，身穿烈火般的紅色長袍。

但丁與維吉爾到達「煉獄」最後一

Pg Canto 29 & 30

但丁在天堂遇見佩雅麗琪　羅塞蒂作
1853-54年　水彩・畫紙　28×23cm
英國・費茲威廉美術館藏

層，但丁作了一個夢，自己由山谷升到山頂平地，進入地上樂園，遇到神林中的仙女，他看見二位女子，手上拿著沒有看過的樂器，在演奏也在歌唱，中間那位穿著藏青色，一邊採花一邊唱歌，噢！那不是但丁的戀人，日夜思念的佩雅麗琪嗎？她怎麼在此出現呢？

「但丁在天堂遇見佩雅麗琪」

羅塞蒂這幅畫也是畫但丁作品「神曲・天堂篇」中故事情節，但丁曾在人世間見過佩雅麗琪，也在天堂裡邂逅佩雅麗琪。這裡畫的是他倆在天堂的會面。

在一片蒼翠林木、綠草如茵的優美林間，穿著一身朝聖、修道者黑道袍的但丁，遇見了一身深綠袍服的佩雅麗琪，她在兩位穿著藍袍、抱經書的聖女陪伴下，更顯得嬌柔修長。三名女性頭上都有光環，頭披白頭巾的佩雅麗琪應是死後得永生，在天堂裡生活。但丁則因哀悼佩雅麗琪之死，仍著黑袍。

在但丁「神曲」中，佩雅麗琪便是他在「天堂」中信仰的象徵，只有在她引導下但丁才領略到天堂的風采，並感受到上帝本體射出的巨光。

等待共遊天國　布雷克作
1824-27年　水彩・水墨・畫紙
北海道・近代美術館藏

等待共遊天國日子到來

在布雷克畫筆下的這段情節就不同於羅塞蒂，在他筆下象徵「信」、「望」、「愛」三種色彩的佩雅麗琪，像個女神般在通往天堂的石階上，是臥、是躺，還是等待，沒錯，她是等待著但丁的到來。

那石階上女子，等到但丁，對著他微笑，石階二旁春天的花草，爲他們綻放，但丁的戀人代表著「純潔」、「和善」，她在此等待，準備陪但丁共遊天堂。

但丁見到佩雅麗琪　皮科夫作
木刻畫　10×10cm

有光有天使「天堂」

「煉獄」的盡頭，也是靠近「天堂」樂園，那裡有兩條河，忘川和歐諾厄河，忘川的河水喝了會讓人忘記生前所犯的罪惡，而歐諾厄河的水讓人喝了，會記得生前做的善事。但丁喝了歐諾厄河水，像老樹重新生出新芽。

佩雅麗琪陪伴遊最美行程

但丁與詩人維吉爾穿出煉獄最後一層，進入了「地上的天堂」（Earthly Paradise），在這個地方的尾端，看見佩雅麗琪，她穿白和綠點紅的神祕衣裳，頭戴著橄欖葉的環圈——智慧與和平象徵。

她站立的後面有著雪白的紗幕，當拉開時，四周有百餘天使圍繞著，歌唱著，散播著花朵。這與但丁從「地獄」、「煉獄」走來時景致，截然不同，天堂、地獄，眞有天壤之別。

因佩雅麗琪的出現，那陪伴著但丁遊了「地獄」、「煉獄」二界的羅馬詩人維吉爾便悄悄的走了，回到他來時的森林源頭，也是當時但丁碰到獅子的地方。

但丁在佩雅麗琪陪伴下，開始最美麗的天堂行程。但丁的心頭有著無限地驚訝和疑惑，他要佩雅麗琪爲他解說回答。

但丁在「天堂」篇是這樣開始的：

一切榮光瀰漫宇宙，
照耀這兒多一些，那兒少一些。
我在那光最多的天庭，
見到了神奇與美妙，
這種無法用語言來描寫。

「天堂」有七重天，但丁在佩雅麗琪陪伴下，跨入有光、有天使、有歡

天使引但丁出了忘川
皮科夫作
木刻畫　10×10cm

在燦爛星光下漫步
皮科夫作
木刻畫　10×10cm

「地獄」漆黑，更沒有煉獄魂靈，所見一片光明清淨，飛鳥騰空，花兒盛開，樹木茂盛，君自「煉獄」來，應知多修福，來世更美好！

「忘川」是基督徒洗去人世未盡塵埃，有機會淨身，讓身心滌淨，好有清潔之身，不會污染天堂之美。

樂、有歌聲的「天堂」之旅。

杜雷「天使齊聲歡唱」，那從天庭灑下的光，衆天使展開翅膀齊聲歡唱，他們正迎接但丁與佩雅麗琪到來。

忘川通往天堂之路

蘇聯木刻家皮科夫（Picov）作「天使引但丁出了忘川」（煉獄卷首扉頁畫），這幅如裝飾畫般，以木刻版畫刻成，天使拉著但丁，從水中冒出來，踏上了通往天堂之路，那兒不像

但丁見到無數發光魂靈在飛翔
杜雷作
1861年　蝕刻版畫・紙　30×40cm

天使齊聲歡唱　杜雷作
1861年　蝕刻版畫・紙　30×40cm

三位使徒與但丁

杜雷描繪「天堂」第26歌插畫，是畫彼得、雅各與約翰，他們三人在耶穌引領下，接見佩雅麗琪與但丁，在第八層天，恆星天也稱原動天。他們在八層天開啓對談。

但丁請教三位耶穌聖徒，有關「希望」問題。

「佩雅麗琪含著微笑說：
燦爛的生命啊！
天庭裡的仁慈是由你記載的，
願你使希望在這高空響徹各地，
你知道基督把更多的光明，
照耀那三人的時候，
你總是象徵希望。」

詩歌中第三句「天庭裡的仁慈是由你記載的」，是指「新約」中的「雅各書」．第一章第五節：「你們中間若有缺少智慧的，應當求那厚賜與衆人，也不斥責人的上帝，主就必賜給他。」

最後一句：「你總是象徵希望」，那是耶穌准許彼得、雅各和約翰，比其他門徒得到更多的領悟和熟悉。在「雅各書」最後一章裡，三次提到了「耐心的希望」。

詩歌中又說：

抬起你的頭來，再堅定你自己，
因爲既已從人間來到天堂，
一定已在我們的光芒中鍛鍊成熟。
這鼓勵從第二個火焰裡向我說出：
於是我舉起頭瞻仰那些「崇山」。

詩歌第四行文中，「第二個火焰」是指雅各。

最後一句尾「崇山」，引「舊約．詩篇」裡，「我要向山舉目，我的幫助從何而來」。

「天堂」篇的第廿四歌，是彼得考但丁關於「信心」的問題：在第廿五歌，是雅各考但丁關於「希望」的問題。而第廿六歌，是約翰考但丁關於「愛情」的問題。

三位耶穌基督深愛的使徒，分別跟但丁討論「信心」、「希望」，與「愛情」，這不也等於是但丁在請教救世主，人類這三種心靈的良方嗎？

但丁在答覆問題，或提出問題時，他的精神良伴佩雅麗琪總是帶著映人的微笑，在但丁的眼窗浮現。

「神曲」中敘述，佩雅麗琪的明眸閃爍著從千里之外都能看到的光彩，除掉了但丁眼上所有鱗屑，使他不但恢復了視覺，且看得更清楚。

彼得、雅各、約翰考但丁　布雷克作
1824-27年　鉛筆・水彩・水墨　36×52cm
北海道・近代美術館藏

「彼得、雅各、約翰考但丁」

布雷克的「彼得、雅各、約翰考但丁」，他把三位使徒置於三個圓的玻璃圓球裡，他們是人類信心、希望、愛情的光，透過與但丁、佩雅麗琪對談，讓世人瞭解基督教義的眞髓。

但丁在彼得、雅各、約翰間，發現他們都閃光耀眼，像火焰般，發出光輝，竟使他眼睛目不暇給，甚至滿眼昏花，此時在火焰中傳出聲音：「不要著急，那是暫時眼花，不會失明，引你遊歷天堂佩雅麗琪有超能力。」

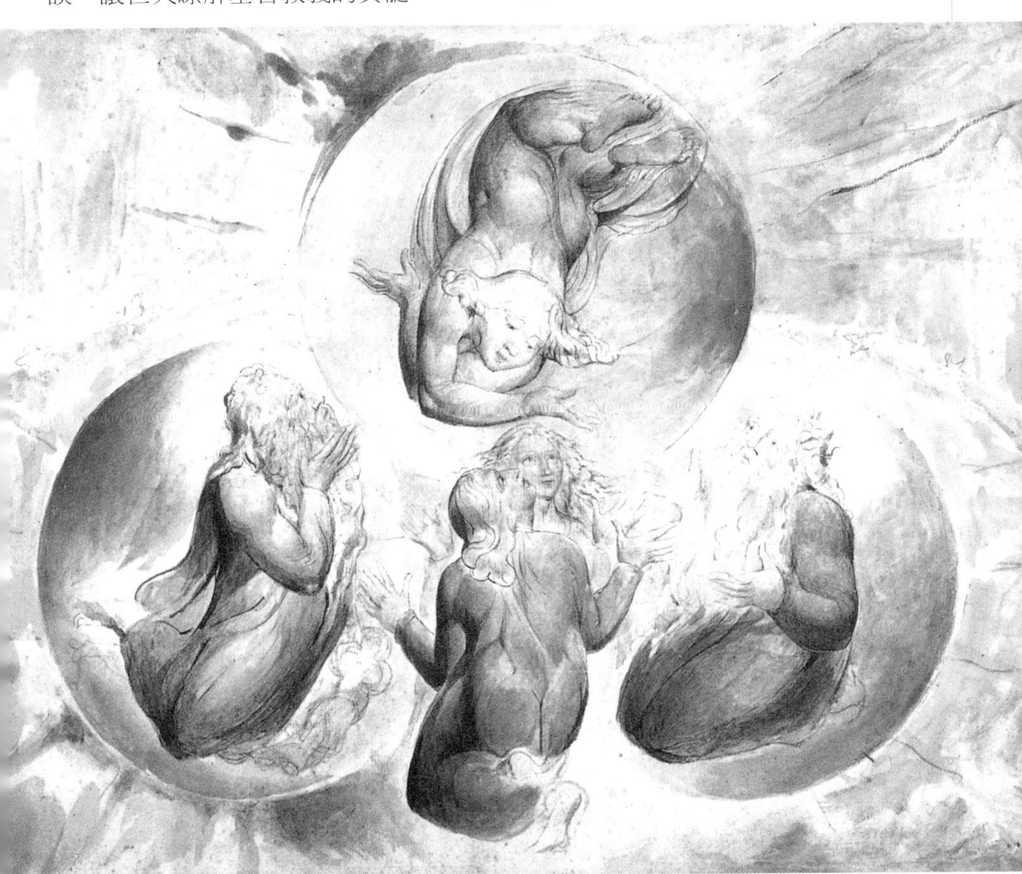

「榮光天之女王」

「榮光天之女王」是布雷克爲但丁的「神曲」做的最後一張插畫，可惜並沒有完成，但也在類似初稿的端倪中，看到了但丁如何登上「七重天」──「天堂」最高峰，看到的景象。

但丁上升到七重天，土星天，
這裡是隱逸寡慾者的靈魂。
我的眼睛轉過來看嚮導的臉，
我的精神也隨之集中在那裡，
他們和其他事物沒有關聯。

但丁在「天堂」頂層看到佩雅麗琪那象徵「隱逸寡慾者的靈魂」。

他在「天堂」第30歌中這樣寫著：

我像個願意說話卻保持沉默的人，
被佩雅麗琪引進天上的黃色玫瑰，
那玫瑰正在一瓣一瓣向外擴展，
向那造成不謝的春天，
太陽吐出讚美的芳香。

在「天堂」第31歌中這樣開頭：

基督用自己的鮮血使之成爲，
他的新娘的那支神聖的軍隊，
像一朵白玫瑰般呈現在我眼前；
但那另一隊在飛翔的時候，
看到愛他們上帝，歌頌他的榮耀，
歌頌把他們造成那樣的至善。

但丁在天府看到的佩雅麗琪美麗無比，他看到光河兩岸永恆的黃色玫瑰盛開，便將眼皮浸入光河，使視線更爲明晰，因而看到黃色玫瑰乃由幸福形成。

佩雅麗琪指出天府的無限，其中的幸福者和天使無數。但丁見天府中聖者及天使都煥發著榮光，佩雅麗琪進入天府的座位中，並遣聖伯納德代替自己。聖伯納德指示但丁，瞻仰由衆聖者及天使圍繞、尊崇的榮光中的天后，聖母瑪利亞。

但丁心目中的佩雅麗琪，是永恒神聖之光。

布雷克「榮光天之女王」

布雷克「榮光天之女王」，黃色的玫瑰畫成向日葵與玫瑰的綜合體，每片花瓣裡有他心中的天使，佩雅麗琪在花蕊中，她隨榮光起舞。

在杜雷「榮光天之女王」中，一千多個張開翅膀的天使環繞著一位無可比擬的美人──坐在寶座上的聖母瑪利亞，整個天國都臣服、忠誠於她。

榮光天之女王　布雷克作
1824-27年　鉛筆・水墨・水彩　37×52cm
北海道・近代美術館藏

杜雷「天使像玫瑰」

杜雷在「天堂篇」第30、31歌的插畫「天使像玫瑰」那滿天的天使像玫瑰般，在那兒飛翔。但丁靈魂所在，有幸福玫瑰，眼前花朵和火星都成皆大歡喜的模樣。

天堂是光、愛和歡笑的所在。

但丁不禁讚嘆：「天堂之光，永恒之光，永在自身之中，懂得珍惜，愛護自己，就可向自身微笑了！」

天使像玫瑰　杜雷作
1861年　蝕刻版畫・紙　30×40cm

榮光天之女王　杜雷作
1861年　蝕刻版畫・紙　30×40cm

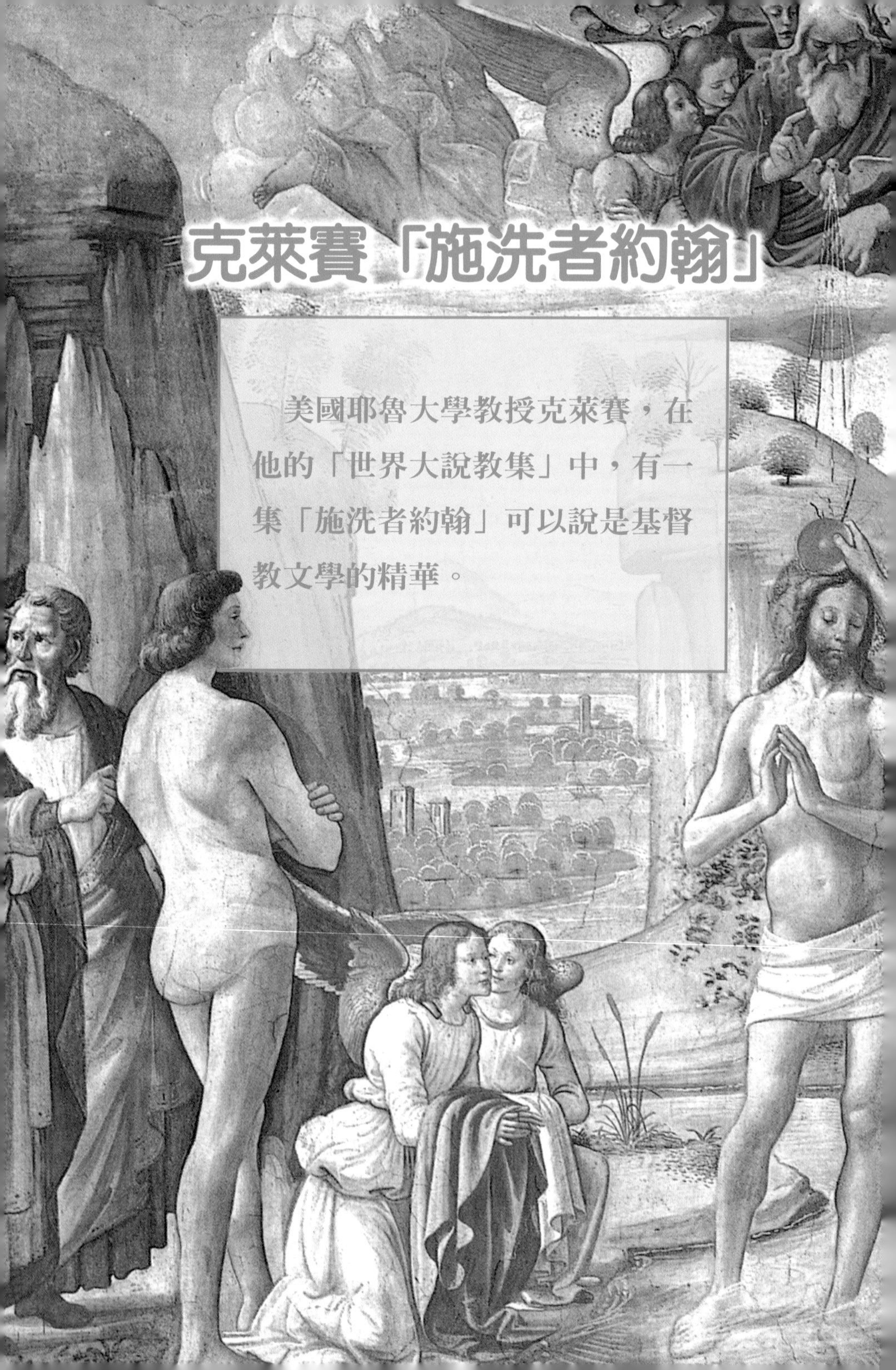

克萊賽「施洗者約翰」

美國耶魯大學教授克萊賽，在他的「世界大說教集」中，有一集「施洗者約翰」可以說是基督教文學的精華。

P196・197
耶穌接受約翰施洗之禮　基爾蘭達尤作
1480-90年　壁畫
佛羅倫斯・聖瑪利亞・諾維拉教堂藏
耶穌接受約翰施洗　阿賈笛作
1645-46年　雕塑　48×47cm
梵諦岡・宗教美術館藏

聖經經常出現的約翰有二位：一位是爲耶穌施洗的施洗者約翰，一位是福音書作者約翰，稱他爲「福音書記者約翰」。

名畫上出現的福音書記者約翰，常手握著有龍的杯，那是有毒可驗出的杯，他常出現在耶穌身旁。耶穌受難時，請徒弟約翰多多照顧聖母，所以聖母名畫中他也都在聖母身後。聖母升天後，他被放逐到地中海外帕特摩斯島，他在那兒完成「啓示錄」，那是研究聖經最難懂部分。

施洗禮的神職使者

至於施洗者約翰，他是耶穌表兄，聖母與聖嬰名畫中，那比耶穌年齡稍長，拿支十字架，身穿羊皮的可愛小孩，他就是長大後替耶穌在約旦河施洗禮的。

他的父母撒迦利亞夫婦，知道自己兒子是天父所賜，孩子生下後，發願讓他奉使神職，替上帝行道，傳揚基督教。他就是對事情執著，不允許罪惡存於世間，他看不慣當權希律王，娶他兄長之妻，經常到處抨擊希律王與希羅底亂倫，惹火王后希羅底。

先知的頭被妖魔獻給母親

施洗者約翰，也是王爾德筆下「莎樂美」中的男主角，他的頭顱被希律王叫人砍下，裝在銀盤裡，由莎樂美交給她母親的悲劇英雄。

施洗者約翰就是露宿在曠野中的詩人、先知。他吃的是蝗蟲野蜜，穿的是駱駝皮，長髮修鬚，高瘦嶙峋，櫛風沐雨，經常向世人高呼：

「天國近了，你們要悔改。」

「現在斧頭已經放在樹根上，凡不結果子的樹，砍下來丟到火爐裡。」

「有兩件衣裳，就分給沒有的。」

他傳教、播福音，聲音如洪鐘，言辭急激大膽，煽動力很強，也緊扣人

約翰講道　高里作
1690年　油彩・畫布　181×172cm
巴黎・羅浮宮美術館藏

心，但後來仍難逃敗在蠻橫當權者的利刀之下。

替救世主嗚鑼開道使者

在耶穌年輕時代，他的童年玩伴，也是堂兄約翰，已從事神職，人們都稱他為施洗者約翰。

他一天到晚，都用他震聾發聵的聲音，告誡大家要悔過自新。猶太人絲毫不想改變自己的舊習。

穿駱駝毛外袍靠蜂蜜果腹

在他們那個年代，老希律王結過10次婚，兒女成群，他的財產該如何分配，造成子女爭權奪利，相互謀殺，有的被處死，最後有位名叫腓力．希律的爭到政權，這位腓力最不該的是娶了老希律同父異母兄弟的妻子希羅底，這種亂倫行為最為施洗者約翰不齒，他向大衆傳教時，常抨擊希律王與希羅底的罔顧人間常倫，這是會遭受上天譴責的。

更悲慘的事發生了，希羅底與前夫生了一個女兒莎樂美，她能歌善舞，希律王每天宴會都會讓希羅底女兒莎樂美來跳舞，以娛佳賓，共賞莎樂美的舞藝。

在此暫且不談莎樂美，先談談施洗者約翰吧！

這位先知是撒迦利亞、依麗莎白的兒子。30年前他出生的時候，耶穌的母親瑪利亞剛好到他家拜訪。

約翰家教甚嚴，自己生活也十分嚴謹，他比耶穌大6個月。他很小就離家到外面，進入大沙漠裡，在荒涼的死海邊上冥思苦想。他在遠離塵世的地方苦苦思索著人世間的邪惡，其實他對人世間的事一無所知。

他自己無欲所求。

一年四季祇穿一件駱駝毛做成的外袍，吃的是粗茶淡飯，以野果蜂蜜果腹。他侍奉耶和華絕對忠誠，以先知以利亞和耶利米自比，以民族的先賢自比。他自己是好人，他也希望普天下的人善盡己責，約束自己。

他蓬頭垢面，鬚髯飄拂。他說教時情緒激昂，手臂揮舞，人們聽他傳播福音，私底下都說，期待已久的救世主來了。

然而約翰不願聽這些，他知道自己是耶和華派來，為眞正的救世主嗚鑼開道的使者。

果然，約翰在曠野中出現，為人施洗，並且宣講：「你們要悔改，接受洗禮，上帝就會赦免你們的罪」。

群衆從猶太各地和全耶路撒冷到約翰跟前來。他們承認自己有罪；約翰就在約旦河裡為他們施洗。

約翰替耶穌施洗　帕蒂尼爾作
1515-20年　油彩・畫板　59×76cm
維也納・美術史美術館藏

——馬可福音 1・1-5

帕蒂尼爾「約翰替耶穌施洗」

施洗約翰在約旦河爲那些前來懺悔的人們施行洗禮，基督也前來接受洗禮。當他爲基督施洗時，「聖靈」以白鴿的形象從天而降。後來畫家畫「聖三位一體」時，上帝與基督之間，必有象徵「聖靈」的白鴿在中間，它像兩者之間的導引靈物。

耶穌洗禮與荒野之試探　維洛內塞作
油彩・畫布　248×450cm
米蘭・布烈拉繪畫館藏

施洗中約翰　普桑作
1693年　油彩・畫布　94×120cm
巴黎・羅浮宮美術館藏

接受約翰施洗禮　普桑作
1636-40年　油彩・畫布
華盛頓・國家畫廊藏

洗滌罪孽生命更新

「承認他們的罪……受他的洗」。

從古代開始，水洗本身就含有宗教的意義。人們視「罪」爲心靈上的污點，從聖經裡可以看到：

「求你除掉我的罪，使我潔淨；

求你洗滌我，使我比雪更白。」

長久以來，人們認爲身體若能免於污染，靈魂就可保持潔淨。在恆河、尼羅河，附近的人都相信河水有神祕的能力可以洗滌罪孽。

經常成群結隊參加認罪人的行列，有位達耶利哥，已成爲新人，他將財產賑濟給窮人，若有人問他原因，他會這樣回答：「我曾到約旦河邊聽施洗約翰講道；我相信天國近了」。

他認爲祇認罪是不夠的，應當盡全力去補償自己所虧欠的人。

藝術家普桑，畫施洗約翰替耶穌行施洗之禮，在約旦河邊替耶穌施洗，他是被「差」來給人施洗的，他的洗禮是從「天上來的」，他取一瓢水淋在被施洗者頭上，過去種種已死，信主得永生，復活的生命是新的，是得蒙神恩的。

聖母子與施洗約翰　布格霍作
1882年　油彩・畫布　190×110cm
紐約・康乃爾大學強森美術館藏

花園中的聖母　拉飛爾作
1507年　油彩・畫板　122×80cm
巴黎・羅浮宮美術館藏

約翰與耶穌表兄弟關係

施洗者約翰，祂是救世主出現的預言者，祂是舊約先知中的最後一位，新約裡的第一位聖徒。兩部聖經中都講述祂的故事。

祂的父親撒迦利亞是耶路撒冷的神廟的祭司，其母依麗莎白是聖母的表姐，他比耶穌基督早六個月出生，兩人有表兄弟關係。

所以拉飛爾的名畫「花園中的聖母」中，美麗的聖母瑪利亞，膝蓋左邊是可愛小耶穌，右邊拿支十字架，跪在聖母腳旁的就是小約翰。他倆的母親既是親戚，也是從小玩伴。長大後約翰投入傳教工作，有人入教欲接受施洗，約翰就是擔任這神職工作。

上帝羔羊——施洗者約翰

早期繪畫裡，約翰常被畫家描繪成手持十字架，地上成群的羔羊圍在他四週，他那「閃爍著十字形光輝的羔羊」，上面還刻著銘文：「上帝的羔羊」。約翰看見耶穌從他面前經過，常說：「你看！他是上帝的羔羊」。約翰手持十字架是細長蘆葦十字架，偶爾有畫家畫他手上拿著洗禮杯。

拉飛爾筆下小耶穌玩伴

拉飛爾畫了很多聖母像，如「幕內的聖母」、「花園中的聖母」、「聖母與聖嬰」……聖母前面，小耶穌都是赤身裸體，小約翰則身披斜肩羊皮小外套，手拿支十字架。

「花園中的聖母」洋溢著人間的幸福、美好。畫面簡潔、明朗、和諧而又典雅，把聖母與聖子加以理想化。

童年的約翰　牟里羅作
1672年　油彩・畫布　121×99cm
馬德里・普拉多美術館藏

基督與約翰童年　牟里羅作
1670年　油彩・畫布　104×124cm
馬德里・普拉多美術館藏

牟里羅「基督與約翰童年」

牟里羅是西班牙十七世紀最好的宗教畫家，他畫的題材雖甜俗，但大家樂於接受。他在此以耶穌與約翰的童年，以聖潔無邪的孩子周圍，配上可親的點綴，像天空如孩童面孔天使，地上象徵贖罪的小羊。

西班牙宗教畫家，以平靜祥和的觀念來畫這幅未來的施洗者約翰，小時則肩扛十字架竹竿，不知世間險惡爲何物。他的畫努力於安撫失落心。

以現實風俗畫，當宗教畫來處理，其實牟里羅從貧民區找來二位小孩，但加上約翰手持十字架、小羔羊、小天使，手拿貝殼裝水供約翰飲用的可愛動作，畫面呈現宗教畫溫馨。

聖母、耶穌、約翰　波提且利作
油彩・畫布

聖家族與約翰　卡拉契歐婁作
油彩・畫布　205×186cm
佛羅倫斯・烏菲茲美術館藏

當天使向聖母瑪利亞報喜，懷子開始，她就向自己表姐依麗莎白求助，因她表姐剛生下約翰。

憑著上一代交情，在很多畫面裡，在聖母抱聖嬰的畫上，旁邊一定有另一位拿十字架小孩，他不是聖嬰耶穌的哥哥，而是表哥，生下來就注定要做上帝的牧養者，從小手上拿著十字架，施洗約翰的故事，很明顯也是耶穌生平的一部分。依麗莎白是撒迦利亞妻子，瑪利亞丈夫約瑟，他們跟小孩「在神面前都是義人」。

施洗者約翰　卡拉瓦喬作
油彩．畫布　172×104cm
施洗者約翰
17世紀西班牙畫派畫家作
油彩．畫布　177×115cm
巴伯．瓊斯大學美術館藏

獨自生活在沙漠俊美青年

也有把施洗者約翰畫成理想化的俊美青年，他獨自生活在沙漠裡，羊羔依偎在他的腳邊，在沉思或祈禱。

卡拉瓦喬「施洗者約翰」

卡拉瓦喬或十七世紀西班牙畫家筆下，年輕的「施洗者約翰」，在他披著的羊毛皮外，罩上鮮紅色大披肩，他坐在石頭上或仰望或沉思，眉宇之間呈現憂國憂民神情。

施洗者約翰低頭俯視地上，是在沉思？是憂慮？從眉宇間緊鎖，雙眼深邃陰鬱看出，深沉的思緒在他臉上。

卡拉瓦喬的畫，善於用光說話。約翰是預言家，也有施洗神職在身，他的職務是替人們洗去罪孽，宣講基督教精神，讓他們接受教義，但一切現實也令活力再充沛者不得不沉思，憂鬱在無形中籠罩心頭。

西班牙畫家「施洗者約翰」

巴伯．瓊斯大學美術館藏，十七世紀西班牙畫家作品，光線風格仍如卡拉瓦喬派的，亮麗的部分都強調在主角身上，是晨曦或是夕陽，那美少年的約翰，抬頭遠望，光影烘托效果突出明顯。

「馬可福音」上說：他常是面容憔悴，不修邊幅，披著駱駝皮毛（有的寫羊皮毛），腰束獸帶，以蜜蜂或蝗蟲爲食物。

但這幅畫左下角那塊像海綿，應該是蜂蜜，旁邊有裝盛用鋁碗，是擠蜂蜜飲用器具，也有說是洗禮杯。

約翰的標誌幾乎都是細長的蘆葦作的十字架，有的在他身旁畫乖乖的羊羔。約翰也是義大利城市的守護神。在很多教堂裡，可見到他供祈禱時用的肖像和描繪他生活的組畫。他也是佛羅倫斯城麥第奇家族的保護人，他們的教堂有很多施洗約翰事跡名畫。

沙漠中施洗者約翰　維內吉亞諾作
1440年代後半　油彩・畫板　28×32cm
華盛頓・國家畫廊藏

在沙漠中約翰　包士作
1504-05年　油彩・畫板
柏林・國立美術館藏

施洗者約翰生活

約翰穿著駱駝毛的衣服，腰間繫著皮帶；吃的是蝗蟲和野蜜。

他宣稱：

「在我以後要來的那一位比我偉大多了，我就是蹲下去替他脫鞋子也不配。我用水給你們施洗，他卻要用聖靈給你們施洗。」

——**馬可福音** 1・6-8

「沙漠中施洗者約翰」

維內吉亞諾「沙漠中施洗者約翰」是祭壇畫，描繪約翰在沙漠裡，接受自我修行、獨力吃苦的方式。

包士「在沙漠中約翰」則像苦行僧，自我沉思、磨練自勵，孤傲清高性格，也是祂的神秘魅力。

「有一個人，名叫約翰，是上帝差遣的使者。他來爲那光作見證，爲要

使大家聽見他的信息而信。他本身不是那光，而是要爲光作證。那光是眞光，來到世上照亮全人類。」

施洗者約翰是燃燒自己，照亮別人的光，爲光作見證，叫衆人因他而信上帝。「那光是眞光，照亮一切生活在世上的人。」他也爲救世主基督開路，將他帶領到衆人面前。

施洗約翰傳教　史丹吉奧內作
1645年　油彩・畫布　187×335cm
馬德里・普拉多美術館藏

施洗約翰傳教　林布蘭特作
1634年　油彩・畫板　62×80cm
馬德里・普拉多美術館藏

約翰說：不可逃避之自我審判

在西洋名畫裡，也常看見約翰站立在人群中間，站立在岩石上或臨時的講道壇上，向他們傳道。

約翰在沙漠隱居期間，他在沉思或祈禱，已自我修行苦思多年，待他出沒約旦河邊，對人講述基督教義時，經常讓聽眾聽得入神。祂的講道，聲音洪亮，表情豐富，條理清晰，很容易引起共鳴。

每個人聽祂講道，讓人感覺祂是最靠近天國的人。他說：

「你們這些毒蛇！上帝的審判快要到了，你們以爲能夠逃避嗎？要用行爲證明你們已經悔改。不要自以爲亞伯拉罕是你們的祖先，就可以逃避審判。我告訴你們，上帝能夠拿這些石頭爲亞伯拉罕造出子孫來！斧頭已經擱在樹根上，凡不結好果子的樹都要砍掉，丟到火裡」。

群眾問他：「那麼，我們該做甚麼呢？」

約翰回答：「有兩件內衣的，要分一件給沒有的；有食物的，要分給飢餓的人」。

有些稅棍也要來接受洗禮；他們問約翰：「老師，我們該做甚麼呢？」

約翰告訴他們：「不可收取法定以外的稅金」。

有些當兵的也來請問約翰：「我們呢？該做些甚麼呢？」

約翰對他們說：「不可強索金錢，不可敲詐；要以所得的糧餉為足」。

——**路加福音** 3．7-14

馬德里．普拉多美術館藏，史丹吉奧內作「施洗約翰傳教」，祂站在樹下，舉手投足都引人入神傾聽。而林布蘭特「施洗約翰傳教」，雖然是在黑夜般地場景中，祂傳教的地方好像月光特別眷顧似的，前面站立的希律王讓約翰走入不祥之兆。

耶穌接受施洗之禮

莎樂美接著約翰的頭　路以尼作

油彩・畫板　62×55cm

巴黎・羅浮宮美術館藏

約翰譴責希律王

人民的希望提高了，大家心裡在猜想，也許約翰就是基督。因此約翰告訴他們：「我只是用水替你們施洗；可是，有一位能力比我更大的要來，我就是替他脫鞋子也不配。他要用聖靈和火爲你們施洗。他的手裡拿著簸箕，要揚淨穀物，把麥子收進倉庫；至於糠秕，他要用永不熄滅的火燒掉」。

約翰向大眾傳福音，用許多不同的方法規勸他們。但是約翰卻譴責希律王，因爲希律娶了他的弟媳希羅底，又做了許多壞事。之後他做了件更嚴重的壞事，就是把約翰關在監獄裡。

——**路加福音**3・15-20

希律王宴客，請希羅底的女兒莎樂美來跳舞，莎樂美舞藝精湛，在座嘉賓們從沒看過如此曼妙舞蹈，每位賓客都向希律王誇讚。希律王大喜，把莎樂美叫到面前，問她想要什麼都送給她，甚至大半江山也可讓給她。

莎樂美因受母親的指使，要求說：「請立刻把施洗者約翰的頭放在盤子裡給我！」

——**馬太福音**14・6-8

施洗者約翰被斬首

希律王聽見這個請求，非常苦惱，可是他已經在賓客面前發誓，不好意思拒絕莎樂美的請求。於是他立刻命令侍衛去取約翰的頭來。

侍衛出去後，到監獄裡，斬下約翰的頭，放在盤子裡，帶回給希羅底的女兒；女兒拿去交給母親。

約翰的門徒聽見這消息後，慟哭不已，傷心地把約翰的屍體領走，葬在墳墓裡。

施洗者約翰頭顱　索拉瑞歐作
1507年　油彩・畫板　46×43cm
巴黎・羅浮宮美術館藏

焚燒施洗者約翰骨頭
1484年　油彩・畫板
維也納・美術史美術館藏

焚燒施洗者約翰骨頭

施洗者約翰屢次規勸希律王：「你不應該娶你的弟媳婦」。希羅底因此懷恨在心，天天吵著要希律王把約翰關起來監禁，不讓他在外面傳教時，把希律王娶自己弟婦醜事公開指責，令希羅底難堪。

約翰不但被捉進監獄，還被活活砍頭，用盤子裝著端給希羅底，希羅底內心暗爽死了，賓客譁然，沒有想到今天被希律王邀爲客，卻看到不能想像的一幕血腥慘忍畫面。

這個消息傳出去，認識約翰的人不願相信，讓施洗者受洗的人更不能忍受，大家譴責希律王與希羅底沒有人道。耶穌基督聽到這消息，先是不相信，後來知道是眞的，悄悄一個人到無人煙之地，閉關痛哭，因爲他倆是表兄弟，從小一起長大。

事情並沒有結束，到處奇奇怪怪的事都在發生。希律王聽到很多事，心裡非常困擾，因爲有人說：「施洗者約翰復活了」。

希律王一氣之下，要士兵到約翰埋葬處，把他的遺骸全部挖出來，公開燒掉，讓施洗者約翰無從作怪。

但也有記載，是西元四世紀，羅馬皇帝叛教者朱利安大帝，下令將約翰的頭顱、骨頭從墳墓掘出公開焚燒，

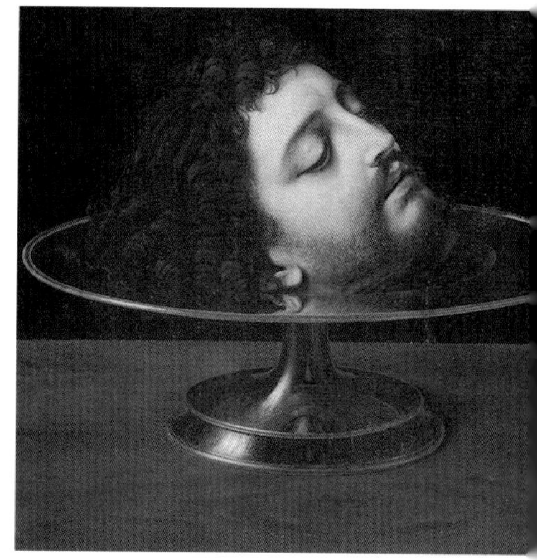

以阻止人們對他的崇拜敬仰。

這個題材，文藝復興北方畫派很多畫家畫過，其中最好、最清楚的，要算提埃波羅。

悲壯「砍下施洗者約翰的頭」

提埃波羅「砍下施洗者約翰的頭」以正三角形構圖來平衡畫面，以劊子手提著施洗約翰的頭及地上的血淋淋身軀爲中軸，旁襯手拿托盤欲盛放頭顱佣人，和王后希羅底、莎樂美等人監刑，有的婦人掩面而泣。

受丁特列托及提香影響，提埃波羅擅於處理富戲劇性大場景，人物刻畫生動鮮明。

王爾德「莎樂美」

王爾德（Oscar Wilde 1856-1900）所撰寫的不朽劇本「莎樂美」（Salome），是唯美主義戲劇的代表，他寫的故事正是施洗者約翰，在「聖經」中的外傳，也是故事延續的版本。

「莎樂美」故事，是很多畫家垂青的題材，不論古或今，古典或近代，都以不同手法來詮釋。

施洗者約翰，他和耶穌是同輩，有表親戚關係，也是祂幼年時的玩伴。長大後，他是露宿在曠野的詩人、先知，他吃蝗蟲、野蜜，穿的是駱駝皮，長髮修髯，高瘦嶙峋，櫛風沐雨。

「天國近了，大家要悔改」

他自己認爲有責任喚醒世人，在傳播福音時，最常高呼警語：

「天國近了，大家要悔改」。

「……現在斧頭已經放在樹根上，凡不結果子的樹，就砍下來丟在火裡」。

「有兩件衣裳的人，就分給那沒有的」。

施洗者約翰，他的父親撒迦利亞是耶路撒冷神廟的祭司，母親依莉莎白是聖母瑪利亞親戚。他倆蒙聖恩老年得子，並遵照天使的囑咐，給孩子取名爲約翰。

約翰生下後第八天，行割禮時，撒迦利亞被聖靈充塞，詠唱了一首帶有預言性質的頌歌：「撒迦利亞頌」。

這首歌預言彌賽亞將要來臨，約翰就是那位先驅。神學家們稱它是「舊約」的最後一位預言者，「新約」的第一位聖徒。

P220・221
希律王酒宴（局部）　李比作
約翰傳教　基爾蘭達尤作
1486-90年　壁畫
佛羅倫斯・聖瑪利亞・諾維拉教堂藏

約翰替耶穌施洗之禮　普桑作
1648年　油彩・畫布　30×23cm
羅馬・私人收藏

耶穌接受施洗　安琪利科作
1441年　壁畫　179×148cm
佛羅倫斯．聖．馬可美術館藏
耶穌接受約翰施洗　偉登作
油彩．畫板
柏林．國立繪畫館藏

它承上啓下，把舊、新二約，巧妙結合在一起。它的第一句：「主，以色列的上帝，應當稱頌」。

這與「聖母瑪利亞頌」，第一句：「我心尊主爲大，我靈以上帝，我的救主爲樂」。不是也頗有異曲同工之妙嗎？

天主教「大日課」時，每天早晚都要念誦這二首歌，來頌讚上帝。

約旦河為懺悔的人洗禮

約翰是傳道士，矢志替世人洗淨罪孽，他在約旦河邊爲懺悔的人施行洗禮，在給基督洗禮，「聖靈」鴿子從天而降，他知道救世主降臨人間了。

他的正直，他的特立獨行，凡是看不慣或世人所不容的人與事，他會大聲譴責，呼籲公理正義出現。

藝術家筆下的「給耶穌洗禮」，約翰站在石頭上，給站在約旦河上耶穌施以洗禮，完成這道手續，被洗者即成「上帝子民」。

約翰施予洗禮時，曙光初露，金色陽光遍灑河谷，約翰靈光澆灌信衆。保羅解釋，受洗禮者是認罪和悔改。

莎樂美——妖魔般舞蹈

王爾德的「莎樂美」不是小說、詩歌，是劇本，王爾德在這本劇本中，他並沒有歌頌上帝、耶穌……他衹是用「聖經」的人物，故事素材，借由「莎樂美」這位希羅底的女兒，來闡釋「聖經」的博大與精深。

> 希律爲了他的兄弟腓力的妻子，希羅底的緣故下令逮捕約翰，把他綁起來關在監獄裡。
>
> 因爲約翰屢次指責希律：「你不可佔有希羅底作妻子。」
>
> ——**馬太福音** 14・3-4

原來希律王看上自己哥哥腓力的妻子希羅底，希羅底想做王后不顧一切嫁給希律王，希羅底應該是希律王嫂子，施洗者約翰看不過去，在向民眾傳教時，大肆抨擊他（她）倆悖逆了摩西的律法，做下這種亂倫的舉動的人有冒瀆天條的膽子，希律王不倫，百姓譁然，但苛政使百姓不敢公然反對，除約翰以外。

> 希律王想殺施洗者約翰，可是怕觸怒人民，大家都認爲約翰是先知。
>
> ——**馬太福音** 14・5

根據新約馬太福音14章寫成

王爾德「莎樂美」劇本，是根據新約馬太福音第十四章的莎樂美傳說取材，他於1891年滯留巴黎的時候，以法語寫成。

王爾德出生於愛爾蘭，他自己的祖國政府卻不准此劇在英倫三島上演，因爲英政府認爲此劇有冒瀆經典的神聖，而拒絕一切公演。此劇第一次公演是1900年，在巴黎歌劇院也就是巴黎萬國博覽會時，但作者卻在獄中，沒有見到公演盛況，更慘的是那年王爾德過世了。

翌年在柏林公演，1902年羅馬也演出，後來陸續風行於全世界。

在自己的祖國，此劇原文是由王爾德的親友德吉拉斯在1894年印行英文版，但不敢公開演出；倒是有二次在英吉利私下場合演出過。

「莎樂美」在巴黎公演，剛好碰上歐洲一股「雅諾婆」（Art Nouveau）風流行，王爾德筆下的莎樂美，呈現女性淫蕩、飽於酒食的姿態，她妖魔般的舞蹈，新奇夜宴氣氛，在在紙醉金迷在巴黎享樂人的夜空裡。

當時藝術界正流行著悠悠伸展的曲線，一種自然流暢的動態。當編劇家看見文藝復興前派李比筆下的「莎樂

水蛇　克林姆作
1904-07年　羊皮紙．混合技巧
50×20cm
維也納．奧地利美術館藏

美」，在她繼父希律王安排宴會上，那種如蛇般舞動的線條，不正是「雅諾婆」致力追求的線條嗎？

克林姆感同身受

被劃入雅諾婆藝術，維也納畫家克林姆，他畫「水蛇」，那彎曲著細長身體，雙手曼妙如舞動作，女性的臉沉迷在恍惚間，是何種狀況有此表情。

克林姆的「水蛇」其實就是他心目中的「莎樂美」。

那位淫蕩、萎靡，如蛇蠍美人，她的善舞，像蛇的保護色，是可以騙人的耳目。讓人看了她忘記眞實，迷惑眞理所在。

畫中莎樂美的姿態，如「水蛇」般悠游於海水中地搖擺、舞動著身姿，陶醉於與海水的共舞與交融。

畢爾茲利「世紀末淫靡之花」

1900年對王爾德說來，既是個幸運年，也是霉運年。幸運的是自己心愛劇本「莎樂美」雖不能在祖國上演，卻可在藝術之都巴黎公演，並在巴黎戰後，追逐「雅諾婆」這有「世紀末淫靡之花」的風潮下，推波助瀾，不但受到巴黎人喜愛，也在鄰近國家，興起風潮。

衝擊維多利亞畫派的甜美

在這裡必須記上一位畫家，那就是畢爾茲利（Aubrey Beardsley 1872-98）。他是上一個世紀末爭議最多畫家，有人說他的作品是「粉飾了世紀末」，也有說是「驚嚇了世紀末」。

當倫敦藝術界還在沉醉於拉飛爾畫派綺麗的色彩和優美線條時，畢爾茲利拋開色彩，完全用黑白線條，那誇張的人物造型，那怪異的服裝打扮，每個人看到他的作品，不是讚美更不是驚嘆，而是驚嚇與搖頭！

他把過去「美」的標準推翻了，他的美不在優柔高尚，婉約動人。

「莎樂美」與其說是王爾德文學表現，還不如說是畢爾茲利的插圖生動逼眞，帶給英國市民很大衝擊。那是英國維多利亞時代，也是名符其實僞善的年代。

維多利亞畫派畫家，畫了很多甜美無比，好像是歌頌愛情，但都是瞬間疾馳神話故事的題材。

王爾德在1891年認識畢爾茲利，次年他看到畢爾茲利「阿薩王之死」插畫時，私下與好友討論，給的評語是「不敢領教」。但當畢爾茲利應邀繪製「莎樂美」插圖時，王爾德已重病在身。後來「莎樂美」插圖中的形象成功，榮耀由王爾德手中移轉到畢爾茲利身上，王爾德如果生前有知，必暴跳如雷。

「莎樂美」插畫戲劇性造型

畢爾茲利描繪「莎樂美」，他曾告訴友人，他非常喜歡王爾德從聖經引來的靈感再轉化故事，如希律王的恐怖感情、希羅底王妃的僞善、莎樂美的狂放、先知者約翰迷信宗教莊嚴，四位主角的性格鮮明突出，所以他創造「莎樂美」人物，恰與當時的莫利斯與瓊斯，那種充滿裝飾性的嚴謹線條大異其趣，他那出奇的戲劇性效果尤爲特殊。

希羅底「黑肩衣王后」

「黑肩衣王后」，那是他創造希羅底王妃的造型，如巫婆，如毒蛇美人，

黑肩衣王后——希羅底　畢爾茲利作
1893年　黑墨・沾水筆・紙　28×15cm
美國・普林斯頓大學圖書館藏

手提約翰頭的希羅底
畢爾茲利作
1893年　黑墨・沾水筆・紙
28×15cm
美國・普林斯頓大學圖書館藏

以多層次黑肩衣，表示此婦人的多變與巧於變裝，長裙曳地盤纏，如眼鏡蛇盤地伸出頭來，髮髻高聳，小帽遮頂，手持魔棒，一切的一切，都顯示她是位邪惡不正的東西。

「手提約翰頭的希羅底」

「手提約翰頭的希羅底」，那身穿寬大的局部綴白花衣袍希羅底，得意地從桌上提起約翰的頭，她好像在告訴他：「以後你不該有聲音了」。

希羅底要施洗者約翰的頭，她要莎樂美用盤子裝著，像端菜般裝在盤子端給她，這是描寫極端官能享樂，以看見慘忍畫面爲樂事，不健康又惡毒潛意識的壞個性使然。

「我吻了施洗者約翰的嘴」

「我吻了施洗者約翰的嘴」，這是莎樂美對施洗者約翰的變態狂戀，也是描寫希律王與希羅底王妃、莎樂美醜惡的三角關係。

希律王的變態，爲舞蹈的報酬而殺約翰。在王爾德筆下，莎樂美是狂愛著施洗者約翰，但施洗者約翰心中祇有上帝，他那能容得下人間瑣碎的戀愛。而莎樂美又是極端自私，得不到的愛就是恨，是完全從母親希羅底那

我吻了施洗者約翰的嘴　畢爾茲利作
1893年　黑墨・沾水筆・紙　28×15cm
美國・普林斯頓大學圖書館藏

約翰與莎樂美　畢爾茲利作
1893年　黑墨・沾水筆・紙
28×15cm
美國・普林斯頓大學圖書館藏

孔雀的裳裾　畢爾茲利作
1893年　黑墨・沾水筆・紙
28×15cm
美國・普林斯頓大學圖書館藏

兒傳下來敢愛敢恨的絕情女子……。

莎樂美抱起約翰的頭，她還得意地吻到了約翰的嘴，但不知是要親還是洩恨，因爲頭髮也衝起，畢爾茲利卻給莎樂美穿上白衣袍，和她母親剛好相對襯。

世紀末留得「剎那的名聲」

很多人以爲畢爾茲利是法國人，其實他是於1897年爲養病，從潮濕的倫敦搬到法國南邊尼斯，靠暖和陽光來治療嚴重痛風。

那時「莎樂美」插畫已問世，巴黎正熱烈迎接萬國博覽會，他的「莎樂美」海報，到處風行，連在醫院養病的王爾德，都羨慕畢爾茲利，因繪製自己作品插圖，在英國與法國，獲取轟動「剎那的名聲」。

他的「莎樂美」插畫，得來兩極評價，有的說那是頹廢、低級、猥褻，是「撒旦派代表」。也有說他創造黑白線條裝飾藝術，有東方日本浮世繪情趣，神秘魅力無法抵擋。

畢爾茲利比王爾德早二年離開了人世，那是1898年，而王爾德則是歿於1900年。

希律王酒宴（局部）　李比作
（莎樂美之舞）

李比「希律王酒宴」

希律王生日那一天，希羅底的女兒在賓客面前跳舞，很得希律王歡心。

希律王就對她發誓說：「無論妳要求甚麼，我都願意給妳。」

女兒受母親的指使，要求說：「請立刻把施洗者約翰的頭，放在盤子裡給我！」

——**馬太福音** 14．6-8

希羅底的女兒是誰，她名叫「莎樂美」，已是青春年華，舞藝絕倫，是否腓力與希羅底所生，沒有記載。

她隨母親希羅底改嫁給希律王後，原是希律王侄女，後成為他繼女。

在希律王生日的宴會上，莎樂美為賓客們跳舞助興，賓客看到莎樂美舞姿，鼓掌叫好，希律王也樂極了，把莎樂美叫到跟前，當著賓客對她說：「妳跳得這麼好！我的客人個個讚美欣賞，理當有賞，妳要什麼說出來，我什麼都給妳！」

把約翰的頭用盤子端來

莎樂美因母親希羅底的挑唆，向希律王要施洗者約翰的頭，並要求把頭盛在盤子上端出來給她。

希律王聽了有點為難，但因為一言既出，駟馬難追，何況又難以在衆賓客前失信，雖然稍為躊躇了一下，也就眞的打發人去把約翰的頭斬下，交到她母親希羅底的前面。

「送頭」、「起舞」、「獻頭」

文藝復興佛羅倫斯畫派李比（Fra F. Lippi 1406-69），有幅「希律王酒宴」，描繪在希律王筵宴席上，莎樂美從「送頭」、「起舞」、「獻頭」，都畫在一橫長幅裡。

李比是擅長創造抒情般優美繪畫的大師，他把本來很血腥的畫面，發揮自己所長，以繪畫語言敘事的才能，巧妙地把這三個片斷情節，佈局在一張畫面上，並以戲劇性手法、抒情趣味來表現。

賓客坐在ㄇ字形長桌旁，希羅底王后坐在右手邊，希律王則站立在左手邊。畫幅左邊莎樂美端著剛砍下「施洗者約翰的頭」。

畫幅右邊莎樂美端著裝有「施洗者約翰的頭」盤子，正蹲下要獻給母親希羅底。希羅底旁邊二位侍女看到剛砍下來人頭，嚇得發顫，不敢相信那是眞的人頭嗎？

畫幅中間是畫家安排賓客觀賞、鼓掌莎樂美的舞姿。李比畫的莎樂美，

希律王酒宴（局部）　李比作
（希羅底）

希律王酒宴　李比作
1452-64年　壁畫　820×515cm
普拉托市・主教堂唱詩堂壁畫

希律王酒宴（局部）　李比作
（莎樂美把約翰的頭獻給希羅底）

希律王酒宴（局部）　李比作
（希律王與莎樂美）

希律王酒宴（局部）　李比作
（莎樂美獻上約翰的頭給希羅底）

優美的身段，輕盈舞姿和飄逸婆娑的衣裙，顯得分外迷人。

李比把跳舞的莎樂美，畫在畫面最亮麗、最引人注目處。

李比以流暢線條、浮雕式和運動感的明暗，對比和諧，用色淡雅，造成一幅有韻律、有變化、有節奏作品，劇情一氣呵成、簡潔明快。

把施洗者約翰的頭斬下

希律王感到非常爲難，可是他已經在賓客面前發了誓，只好命令照她所求的給她。

於是希律王差人到監獄裡去，斬了約翰的頭，放在盤子裡，給了希羅底的女兒；女兒把它交給母親。

——**馬太福音** 14・9-11

希律王知道施洗者約翰是聖人、先知，私底下蠻敬畏他的，也聽過他傳教，不願意殺他，但因自己在賓客前面說了大話，無可奈何地，百般掙扎下遣人去牢裡，把關在那兒的約翰砍下頭來，把頭送給莎樂美。

很多畫家都畫過正在執行砍頭的畫面，也有很多畫家畫出已砍下頭來裝在盤子上，也有畫家畫莎樂美端著被砍的約翰頭畫面。

藝術家畫面延續聖經續集

在聖經裡，有關施洗者約翰關在地牢裡，如何被砍，在「馬太福音」與「馬可福音」都沒有詳細的記載。二福音有簡單記載：

約翰的門徒來，把屍體領走，埋葬了，然後把這件事告訴耶穌。

——**馬太福音** 14・12

可是有很多藝術家填補了聖經的後續，有的畫劊子手奉命要取下施洗者約翰的頭；有的揮刀正要砍下的那一刻；有的已砍下頭，……各種慘不忍睹的畫面在藝術家畫筆下，鮮活呈現在我們眼前，其中有幾幅代表作，讓人看了無法忘懷。而且英國王爾德的劇本「莎樂美」，更是把後續故事描述得淋漓盡致，提供藝術家更多的表現空間。

福音書忘記「約翰監獄」

約翰指責希律王，是在「神」的面前申討希律的罪，他說：「我在神的台前，在祂聖潔的光輝中對你說，你的良心受到譴責，你清楚知道自己生活方式是不對的，不可姦淫，何況是自己兄弟之妻希羅底之間姦情。」

在場的人聽得目瞪口呆，衆人一片沉寂，怎麼有這麼大膽的人敢對希律王如此放肆。大家都知道希律王娶兄弟的妻子是亂倫行爲，但這是王室醜行，怎能揭發，何況是在公然特別場合下。

「沒有人想要動手逮捕約翰。希律差人去拿住約翰，鎖在監獄裡。」

但是約翰入的監獄如何？四本福音書都沒有記載。但蓋凱博士卻告訴我們：「希律王築座高牆，將整個山頂圍起，那是在死海的東邊，幾乎和伯利恆形成一條直線的地方，有座『黑塔』，那是陡峭的巖壁下，其深肉眼無法見底，其下如地獄恐怖。」約翰關在那守備森嚴，堅不可摧地牢裡。

公義的傳道者深鎖在暗無天日黑牢受折磨，與縱情宴樂者何等對照！

劊子手揮刀砍約翰的頭　夏凡諾作
1869年　油彩・畫布　240×316cm
倫敦・國家畫廊藏

砍下施洗者約翰的頭　偉登作
1456年　油彩・畫板
柏林・國立繪畫館藏

約翰跪在黑牢裡，左手舉著用樹枝作的十字架，右手攤開，坦然面對一切。但約翰的雙眼釘著十字架，十字架在約翰心目中發光發熱。

即使約翰內心愁苦、焦慮、不安，無數的不合情不合理，全鎖在不見光影的黑牢中。

約翰自己很清楚，祇有一條路可走下去，那就是以自己的血，喚起墮落的人悔改、認罪。讓神子耶穌基督的寶血洗淨劊子手的罪。

那揮舞著大刀，要一刀砍下從容赴死的約翰，劊子手一股作氣，砍掉不祇是約翰的頭，還有人間正氣。

偉登「砍下施洗者約翰的頭」

像尼德蘭畫派畫家凡・德・偉登（Van der Weyden 1400-64），這位活躍於15世紀30年代畫家，他畫的「砍下施洗者約翰的頭」，劊子手用鋒利的刀，將手綁著施洗者約翰，從地牢拉出，當場砍下他的頭，脖子上還血流如注。劊子手揪住被砍下約翰的頭，交到莎樂美端著的銀盤子上。莎樂美心虛、害怕，不敢正視約翰。

畫面再往上面推，莎樂美端著盛有約翰頭的盤子，下蹲獻給前方母親希羅底，希律王站在旁邊。

施洗者約翰被斬首　史丹吉奧內作
1634年　油彩・畫布　184×258cm
馬德里・普拉多美術館藏

凡・德・偉登的人物畫，除逼真外它還有股逼人力量，他的人物畫對性格深刻的刻劃，用現實逼真手法，突出人物的外表特徵，即使畫面是靜止的，也有巨大震顫的感人力量。

「施洗者約翰被斬首」

監獄的執刑廣場，約翰跪在地上，雙手合十祈禱，劊子手手執大刀站在前面，希律王和侍衛站在旁邊，在斬約翰頭的前一刻，讓人摒息殘忍來臨時，希望奇蹟出現，但沒有……

約翰的頭被砍下　提埃波羅作
1732-33年　壁畫　350×300cm
貝加摩・科雷歐尼教堂藏

砍下約翰的頭　瑪薩其歐作

「約翰的頭被砍下」

提埃波羅畫「約翰的頭被砍下」，那執刑之地在小台上，約翰被迫趴在石築台子上，面朝地，劊子手站在其身側，一刀砍下，他舉起血還在流的約翰之頭，希律王和希羅底在一旁觀看，左邊有位協助執行的手上端著大盤子，用來放砍下的約翰頭，那是希羅底特別交代，以此來獻給她。

拿著盤子後面莎樂美，不忍目睹此番殘忍，遮眼不敢看，但太晚了。

瑪薩其歐「砍下約翰的頭」

義大利文藝復興前派畫家瑪薩其歐（Masaccio 1401-28），他畫那希律王的劊子手，正準備揮刀要「砍下約翰的頭」。

瑪薩其歐的畫重視肉體質感和體積感，人物的臉部和動作都洋溢著內心活動，他的畫不如史丹吉奧內細膩，但強烈如鐵頭槌人。

裝在盤子上約翰的頭

王爾德劇本「莎樂美」，對莎樂美在劊子手執行砍頭時刻，倒有很細膩的描寫：

「莎樂美倚在土窖上，仔細聆聽，裡面怎麼沒有聲音？如果有人專程來殺我，我會喊叫、掙扎，我那能受得了……。怎麼裡面那麼安靜，靜得好可怕啊！」

「啊！有人倒在地上。我好像聽見什麼東西落地了。那好像是刀子摔在地上的聲音吧！不會是劊子手手軟，不忍下手吧！」

「劊子手不敢殺他，這膽小鬼，快換狠手不留情的，趕快，我要皇上許給我的，那個約翰的頭，那個頭是我的。」

——劊子手的胳膊上，托著一個大銀盤，上面擺著約翰的頭。莎樂美一把抓住它。她捧到希羅底跟前，希律王把視線移開，不敢面對。希羅底笑了，搖起扇子。她喃喃的說：「你不要再批評我吧！」

拿撒勒人紛紛跪在地上，開始祈禱。

這是王爾德「莎樂美」劇本寫的，王爾德在記事裡說：「他在寫『莎樂美』時，看瑪薩其歐畫的『砍下約翰的頭』，內心很激動。」

很多藝術家畫「裝在盤子上約翰的頭」的題材，當然這些創作者都在王爾德寫的「莎樂美」前好幾個世紀，這些畫倒也提供王爾德在寫作時最好依據。

莎樂美接到劊子手交給她約翰的頭顱時，旁邊都站著一位小童，這小童是誰，這是希羅底的小童，像中國王妃旁的「小李子」，供王妃使喚，傳話打雜。這小童聽過約翰傳教，私底下很敬佩，當他知道劊子手提上來的頭顱是先知施洗者約翰時，嚇呆了，不知怎麼辦才好。

「莎樂美要小童跟她，幫她端盤子，莎樂美對小童說：『他可是你敬仰的人，快點叫士兵把我要的東西弄上來。』士兵退縮，小童也退縮。

「莎樂美急了，她對著士兵喊，皇上，皇上，快給我下命令，這些膽小鬼怎麼還愣在那兒。

「一位粗漢，拿著利刀，往地窖下去，不一會端著滿是流有血跡盤子上來。」

接受約翰頭顱的莎樂美　漢斯・孟陵作
1479年　油彩・畫板　172×79cm
布魯格・聖約翰療養院藏

接受約翰頭顱的莎樂美

法蘭德斯畫家漢斯・孟陵（Hans Memling 1430-95），藏於布魯格・聖約翰療養院的「接受約翰頭顱的莎樂美」，是在街景中當眾處決施洗者約翰，劊子手砍下約翰的頭顱後，將它放在莎樂美所捧的盤子中。莎樂美側頭閉眼，不敢正視。

畫風具純荷蘭風格的孟陵，處理宗教畫靜謐而虔敬，充滿了中世紀後期寬和、熱誠的情境。此畫處理冷靜肅穆，平實地敘述。前景人物集中於劊子手的動勢，所聯結的砍下約翰頭，再轉身交給莎樂美的情節上。

「施洗者約翰的頭顱」

另外一位米蘭畫家安德利亞・索拉瑞歐（Andrea Solario）的「施洗者約翰的頭顱」，雖然祇畫約翰被砍下來的頭顱，裝在盤子上，但米蘭畫風的細膩、輕柔與甜美，在此也可清晰體會到，其實他的這幅頭像，畫的是自己的自畫像，借助自己對約翰性格的認知分析，知道和自己性格非常接近，他所畫的是細膩中，講究憂鬱氣氛，在眉宇嘴角間潛在地露出對生命認知與自我要求嚴謹。

這二位的畫作，大大地影響了十九世紀象徵派畫家摩洛（Gustave Moreau 1826-98），以「死亡」爲主題，帶點神傷的悲劇氣氛的畫風。

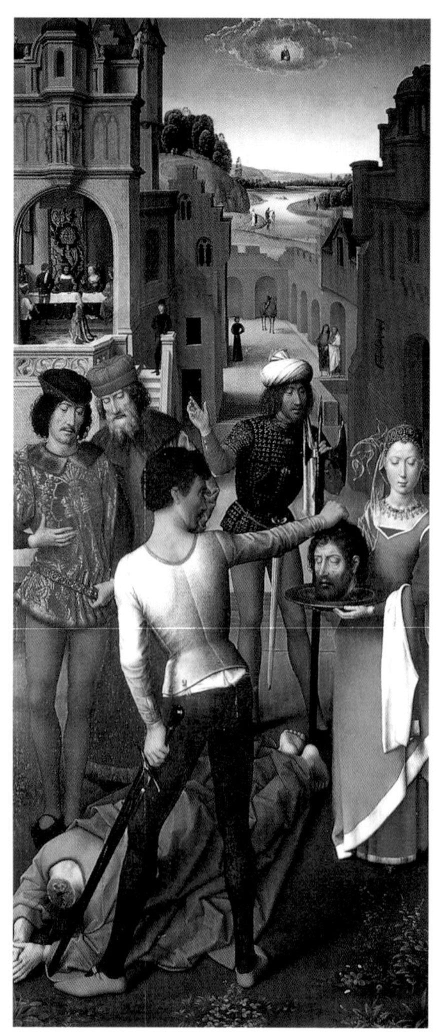

施洗者約翰的頭顱　索拉瑞歐作
1520年　油彩・畫布　45×60cm

莎樂美　克庫爾作
1917年　廣告顏料．紙　69×51cm
莫斯科．國立演藝美術館藏

「莎樂美」劇本插繪
1925年　19×14cm
東京．私人收藏

罪惡之女的女兒

王爾德「莎樂美」劇本裡，對希羅底有嚴厲的批評，當然那是施洗者約翰的指控。

約翰對前來聽他講道，也是希羅底的小童，要他轉告他的主人。

他說：「告訴她，離開她的憎恨之床，離開她的亂倫之床，那樣她才會聽到上帝為她舖路的話，也許會為她的罪孽悔悟。」

上帝的扇子在上帝手中

他又說：「她為美服、腰繫飾帶、頭戴彩巾、身戴珠寶……浸淫奢華生活，縱然她永遠不會悔悟，那她會深陷憎恨深谷，告訴她快醒過來吧！因為上帝的扇子就在上帝手中。」

希律王知道約翰是正義的先知；但希羅底為享受富貴榮華，那裡去管約翰的批評；而莎樂美直覺知道約翰是可怕的人，但又受很多人尊敬的人。

莎樂美是個叛逆、極端女孩，她曾對年輕敘利亞人說：

「約翰的眼睛最恐怖，像火炬在黑布幕上燒出來黑窟窿。它像惡龍棲息的洞穴，它像變幻無窮的月色攪亂的黑湖……」。

她又繼續說：

「他的樣子消瘦，像一尊憔悴的雕塑，我敢說他像月亮一樣高潔，像一縷月光，又像一支銀箭。他的肉體一定像月光那般冰冷。」

約翰問年輕敘利亞人：

「一直在看我的女人是誰？為什麼她用金睫毛下的金色眼睛看我，我不認識她，我不要看她。」

莎樂美聽到了，不顧約翰討厭她，卻急著回答：「我是莎樂美，希羅底的女兒，希律王的公主。」

約翰聽到了，慢條斯理地回答：

「巴比倫之女，走開！別走近上帝的選民。妳母親用罪孽之酒澆灌了大地，她的罪惡已經傳進上帝耳朵。」

莎樂美聽到約翰講話，沉醉了，即使聽到約翰譴責的是自己的媽媽。

莎樂美說：「接著講啊！你的聲音像我要喝的酒，怎麼這樣容易讓我心醉。」

約翰要莎樂美去找「人之子」

約翰回答說：「罪惡之女的女兒，別在這兒，快找一塊紗巾，將臉遮起來，頭上灑上塵灰吧！讓自己到荒郊去，尋找人之子吧！」

莎樂美聽到約翰要她去尋找「人之子」，急忙問下去：

「他是誰？人之子嗎？他像你這般

英俊嗎？」

約翰聽見死亡的天使飛來，他知道要斬他頭的天使來了。

用大盤子裝頭顱的肖像畫，成了聖使徒約翰標誌，時至今日還是人們崇拜的對象，據說還有治病的效力。

約翰的頭像雕刻品，爲神聖遺物，爲許多教堂所珍藏。

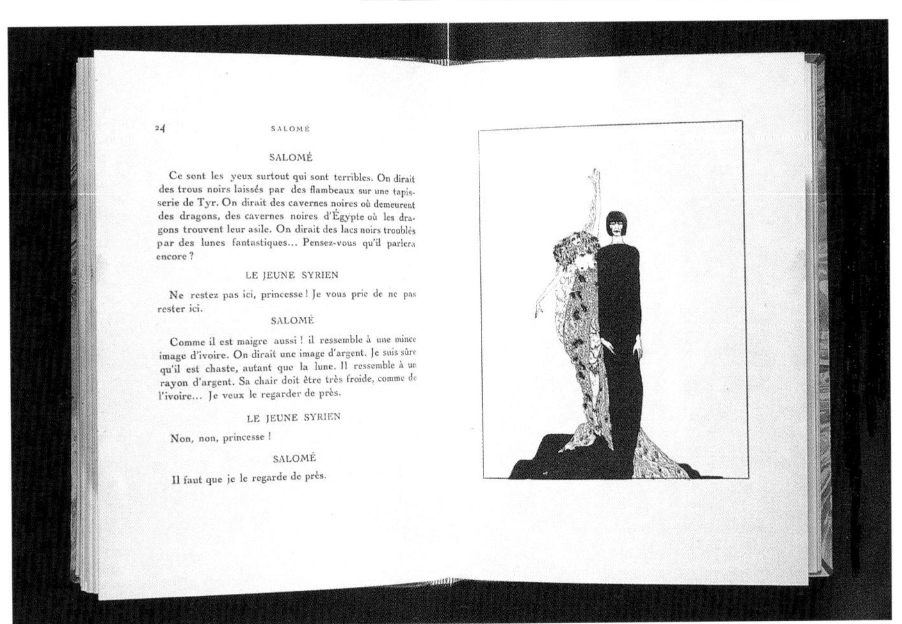

24 SALOMÉ

SALOMÉ

Ce sont les yeux surtout qui sont terribles. On dirait des trous noirs laissés par des flambeaux sur une tapisserie de Tyr. On dirait des cavernes noires où demeurent des dragons, des cavernes noires d'Égypte où les dragons trouvent leur asile. On dirait des lacs noirs troublés par des lunes fantastiques... Pensez-vous qu'il parlera encore ?

LE JEUNE SYRIEN

Ne restez pas ici, princesse ! Je vous prie de ne pas rester ici.

SALOMÉ

Comme il est maigre aussi ! il ressemble à une mince image d'ivoire. On dirait une image d'argent. Je suis sûre qu'il est chaste, autant que la lune. Il ressemble à un rayon d'argent. Sa chair doit être très froide, comme de l'ivoire... Je veux le regarder de près.

LE JEUNE SYRIEN

Non, non, princesse !

SALOMÉ

Il faut que je le regarde de près.

莎樂美——萬惡之源

「莎樂美」——這位愛戀著施洗者約翰，罪惡之女的女兒，在約翰的眼裡，她是巴比倫之女！女人是人間的萬惡之源！

約翰不想聽她講話，他說祇聽上帝聲音。

莎樂美更飢渴，對著讓她沉醉約翰的嘴唇說：「我愛你的嘴，它像石榴裂開來紅色鮮汁……讓我吻一吻你的嘴吧！」

約翰回答說：「別妄想，巴比倫之女！罪惡大地之女！別妄想。」

莎樂美也像匹難馴的野狼般，發狠說：「我會吻到你的嘴，約翰！我會吻到你的嘴。」

約翰眼中妓女、蕩婦

莎樂美結果吻到施洗者約翰的「嘴」了嗎？吻到了！當她端著被砍下來約翰的頭時，她對這血流滿盤的約翰微紫嘴唇說：

「啊！你不讓我吻你的嘴唇，約翰啊！現在我吻到了。我要像一個人咬熟透的蘋果那樣咬它。我說過，我就要作到！啊！我現在就要吻到了……爲什麼你不看著我呢？你的眼睛本來那麼逼人，你的眼睛會說話，可以憤怒，也會責備，現在卻閉上了。」

莎樂美對約翰是很憤怒的，她知道他眼裡那裡有她，她說：

「你拒絕了我，對我極盡誹謗之能事。你把我莎樂美，希羅底的女兒，希律王宮的公主，看成妓女，看成蕩婦！約翰啊！現在我還活著，你卻死了，我可以把你丢給野狗吃，也可餵老鷹，……可是，你是我唯一愛上的男人。別的男人我看來可憎可厭，但是，你卻是美的化身啊！我對你的美如飢若渴。」

對莎樂美說來，「愛之神秘遠比死之神秘更神秘」。

遠比死之神秘更神秘

希律王看到莎樂美，如此失態地面對血腥頭顱，那種歇斯底里式的愛之動作，對希羅底說：

「妖孽！妖孽啊！她是妖孽，妳的女兒，她是不折不扣的妖孽，她犯了一件十惡不赦的大罪。我敢保證這是一樁對未知的上帝，所犯上作亂的罪過。」

希律王後來也叫士兵，把莎樂美給殺了。

「莎樂美狂吻約翰」

象徵派畫家筆下的莎樂美，就不是

莎樂美狂吻約翰　象徵派畫家作
1896年　色筆．紙　43×50cm
巴黎．私人收藏

李比的那股歌舞曼妙有美姿莎樂美，請看「莎樂美狂吻約翰」。

畫的是內心掙扎狂野，沒有人性、失去靈魂的莎樂美，她對施洗者約翰瘋狂的愛令人唾棄好笑，千古罪人，名字都沒人敢取。

莎樂美之舞　摩洛作
1886年　鉛筆．水彩　31×18cm
巴黎．羅浮宮美術館藏

莎樂美之舞　希土克作
1898年　青銅．雕塑　高64cm
私人收藏

莎樂美之舞　希土克作
1895年　雕塑　62×100cm

世紀末唯美經典代表

莎樂美什麼時候愛上施洗者約翰？

她是從自己母親身邊的小童，經常向別人讚美先知施洗者約翰這個人。莎樂美好奇的是小童每每講到他那令人觸電眼神，像雲朵般捲髮，瘦削而高大身體，這一些都是莎樂美對施洗者約翰仰慕渴望、傳說的完美與沒有接觸到的好奇。

但當她見到施洗者約翰時，被他充滿神秘眼神著魔，本來對他老是毫無顧忌放肆地批評自己母親，從無所動情，到後來看到他那被斬下來的頭。

愛慾忽然膨脹，她的胸臆常迴響著約翰當日的聲音。

不同於福音書「莎樂美」

福音書的「莎樂美」，圍繞在施洗者約翰被殺展開，她要求砍下約翰的頭，無知任性與受母親挑唆。

可是在王爾德筆下「莎樂美」，她看到約翰後，內心激起無比的激情，她被約翰那莫可名狀的魅力網住，她想擁有那像象牙般潔白身體，那如葡萄藤般捲髮；她想親吻那寬厚多情的嘴唇，但當她的願望遭到拒絕，自尊心崩潰時，報復心反而強又濃烈。

當她接到劊子手爲她送來她要的禮物時，她滿足了，即使是沒有生命的臉頰，她知道她已經擁有。

象徵主義的啓動引燃點

她是無辜的，被動的，眞正原凶是她母親希羅底，她那報復之心。但莎樂美要求希律王砍下約翰的頭，也是她的意願，因爲她摻合私慾，滿足她那瘋狂對愛遭拒的報復。

而王爾德「莎樂美」劇本，以及藝術家筆下的莎樂美，都遭到教會、教友反對，英國不讓它公演，浪漫的法國人比較尊重藝術家創作，可以公開上演，也拿來當萬國博覽會重頭戲，他們更出現以畫「莎樂美」出名的畫家摩洛。

由「莎樂美」所衍生出的藝術創作還包括雕塑，像希土克不止畫「莎樂美」，還以此故事題材爲靈感，創作了曼妙獨舞及雙人舞姿的「莎樂美之舞」，那如蛇般舞動裙襬律動旋繞的美麗裙巾的表現，最令人印象深刻，也最能表現莎樂美那像是著了魔似的蛇蠍般舞姿。

而摩洛不但以畫「莎樂美」成名，也在唯美主義推波助興下，成爲象徵主義畫派代表，還有個人美術館在巴黎，那是十九世紀末如夢魘附身的畫面引燃點。

Gustave Moreau

出現　摩洛作
1876年　水彩　105×72cm
巴黎．摩洛美術館藏

摩洛「出現」聖光普照世間

王爾德的「莎樂美」，他把聖經中一個借刀殺人的故事，轉化成唯美主義的經典戲劇。誠如褚自剛先生的形容，那是王爾德在「聖經」這棵蘋果樹上，灑上藝術的「聖水」，並請來「美」的女神，從而孕育出這顆迷人的金蘋果。

捨純真求奢華與神秘

十九世紀的法國象徵主義畫家摩洛（Gustave Moreau 1826-98），他創造的「莎樂美」又異於別的畫家。

他創造的「莎樂美」造形濃艷，穿戴羅綺珠翠。畫面處理妖艷而神秘，冷酷而富誘惑力。

他不追求莎樂美的純眞，像李比創造如天使般的輕盈，他認爲希律王與希羅底兩位本身是奢華極致，權力欲望無止盡，這種帝皇生活用金碧輝煌來描寫還不夠。所以莎樂美的舞衣，穿金戴玉，珠寶連串，像阿拉伯女人的豪華，驕奢淫逸的宮廷萎靡歲月。

「出現」描繪莎樂美在舞動時，卻出現施洗者約翰的頭，懸在半空中的一顆頭，卻聖光四射，令她眼睛不適應。劊子手拿著長刀筆直站在那兒，左後方戴高帽希律王與希羅底王后，對這異常現象的出現，雖有點納悶，但詭異氣氛籠罩，令人毛骨悚然。

摩洛在此努力表達「神秘象徵的精神境界」，尋求不健康感情的頹廢，他借助施洗者出現的聖光，來照射失落的莎樂美與她母親的墮落靈魂。

他筆下莎樂美雖性感，但常煩悶，容易激動。施洗者約翰是上帝的使者與代言人，敢於指責世間犯罪的人。上帝的公正、嚴明，借助約翰的君臨大地，普照世間，祂使罪惡消滅，仁愛與善行發光。

摩洛代表象徵畫派靈魂人物，他的繪畫總帶些戲劇化，用原始自然和宿命的人物，取材人與事很神秘、很古老、很遙遠。畫面金碧輝煌，像神秘埃及、東方、印度的色彩，在細緻的線條中，表達畫家綿密思緒與理念。

「出現」也是「聖光」出現

摩洛也想借助來自施洗者約翰的「聖光」，在腐爛污垢現象中，注入新生命。摩洛也認爲「生命」要有「光」才有新生命。

摩洛在此畫出約翰如「聖光」環繞的頭顱，「出現」在莎樂美眼前，那是折磨她那雖恨猶愛，卻已鑄成大錯的悲慘心靈。

莎樂美　希士克作
1906年　油彩・畫板　115×92cm
斯德哥爾摩・市立美術館藏

現代版「莎樂美」

「莎樂美」故事，是發生於西元一世紀時，那是個君國霸權、無道、殘忍的年代，也是悲慘、無理，充滿仇恨的歲月。施洗者約翰爲維護人間正義，竟遭邪惡者陷害，犧牲在劊子手刀下。

文藝復興早期佛羅倫斯畫派李比的「希律王酒宴」，畫的「莎樂美」故事典型模範版，他把整個故事在一張畫面交代清楚，人物呈現非常完整。

象徵主義畫家摩洛，他以燦爛又具神秘色彩與造型，描繪莎樂美生性淫蕩，飽於酒食，享樂在王室宮廷新奇刺激肉慾橫流夜宴中。

但他也在奢靡沉淪畫面中，注入新血，被殺的施洗者約翰的頭像，在幽暗皇室夜宴中升起，在怪異與恐怖眩惑中，聖光如光芒照耀滿室，甚至穿透深宮庭院。這是人類希望的光。

希士克「莎樂美」鬼影幢幢

頹廢派與分離派畫家如何來表現他們心目中的「莎樂美」呢？

先提到頹廢派的希士克筆下的「莎樂美」，他畫得極盡妖艷、邪惡之能事。在繁星滿佈，鬼影幢幢的夜晚，她像名女鬼在跳艷舞，是人？是鬼？都不易區別，那是他在畫「莎樂美」的魔性，以及牽連出來的罪惡身影。

被斬頭的施洗者約翰的頭，在左角下，隱隱發出像鑽石的光，那是生命眞實的光，人類希望。

克林姆筆下是莎樂美？尤吉菲？

分離派的克林姆，他的「莎樂美」則有另一番闡示，克林姆創造的「莎樂美」是介於尤吉菲與莎樂美間。這二位都曾取下男人頭顱，尤吉菲是爲營救祖國存亡，帶著女使深入敵營，把侵略的頭號敵人殺了。

而莎樂美則是靠在希律王筵席上跳舞，取到她媽媽想要，也是報復施洗者約翰的戰利品，她倆動機不同。

理論上如果畫尤吉菲應是以女英雌態勢出現，砍來的戰利品敵人奧勒菲頭顱是用布包著，和女使偷偷渡出敵營。但他卻畫如蛇魔般毒女人，身上穿如蛇衣般色彩衣服，手上帶如惡女人手飾，右手抓住人頭。

克林姆到底是在畫「莎樂美」還是「尤吉菲」？人家說他的確是畫「莎樂美」，可是寫傳記、編畫冊的史學家，卻把此畫命名爲「尤吉菲」，畫面祇有毒蠍美人，人頭也沒有布包。

克林姆看「莎樂美」，當然不是女英雄，是妖姬，是毒美人，不是歌頌

FRANZ
VON
STUCK
906

蛇蠍美人　希土克作
1893年　油彩・畫板　95×59cm
斯德哥爾摩・市立美術館藏

她而是詛咒她。

克林姆詛咒的女人，專靠美貌毀滅男人，造形古靈精怪，那是他從日本浮世繪及屏風畫的人物趣味造型中，找到變形的依據。我們看到克林姆筆下的「莎樂美」，眞懷疑如此女人，何以是能傾國傾城的妖姬，他畫的不

是惡毒美人的美，而是她的醜。

在他看來，心地壞的人，外表再俊美，其人也就醜陋無比，那有好形象可以呈現。

希土克與克林姆

希土克還畫一幅長幅「莎樂美」，此幅不若橫幅莎樂美澎紗裙子，而是穿著拖地裹身長裙，她身後右方裝在盤子上約翰的頭，卻發出光芒。

希土克這位象徵派畫家，擅於捕捉女人如蛇般的恐怖之美，他的「蛇蠍美人」就可見一般。

希土克與克林姆筆下的毒女人，造型不同，趣味迥異，像克林姆的「朱蒂絲II」，那被人詛咒的女人，專靠美貌毀滅男人，他雖畫朱蒂絲，但她的左手卻提著長髮男人頭，他是不是把朱蒂絲當成莎樂美來畫呢？

莎樂美（朱蒂絲 II）　克林姆作
1909年　油彩．畫布　178×46cm
維也納．現代美術館藏

莎樂美　希土克作
1906年　油彩．畫板　45×24cm
瑞士．私人收藏

克萊賽「法蘭西斯」

美國耶魯大學教授克萊賽（G. Kleiser）編的「世界大說教集」中，有一集「法蘭西斯」——對鳥說教，其中含有萬古常新的眞理，並且處處有詩之美。

P262
法蘭西斯接受聖痕　施可樂作
1912年　油彩・畫布　69×54cm
佛羅倫斯・烏菲茲美術館藏

P263
法蘭西斯在聖母前　科托納作
1660年　油彩・畫布　186×124cm
羅馬尼亞・國家畫廊藏

抱聖嬰法蘭西斯　卡拉契作
1580年　油彩・畫布　67×85cm

法蘭西斯聽到天使召喚　西薩里作
1590-95年　油彩・畫板　270×198cm

法蘭西斯接受聖痕　貝隆希作
1600-05年　油彩・畫布　270×180cm

法蘭西斯（Francis d' Assisi 1182-1226）原爲托鉢僧團的領袖，法蘭西斯的一生和耶穌相像，生涯本身便是一首絕妙好詩。

他的實際生活，清貧、以褐色或灰色長袍穿著，四季不變，這就是聖芳濟教（也稱托鉢教）特色。

法蘭西斯的實際體驗，過著最美麗的宗教人生，願意捨去富有的家產，散發給窮人，自己卻餐風露宿，在外面行乞、說教。他娶了「貧窮」爲妻子，這位「貧窮」卻是世界上最美麗的姑娘。

法蘭西斯本來是商人，但他慷慨揮金的性格卻異於一般商人，他不去結交利益掛勾者，卻豪爽無比地對待窮苦人家。因此，窮人視他爲上帝使者，他也把窮人尊如貴族。

安貧好施是法蘭西斯的本性，自己認爲是「聖寵的賜與」，憐憫貧苦的深情如果是天賦，那良好稟賦是與生俱來，從小就有的，那就是天性。

他是天主教聖芳濟教派創建人。身穿褐色或灰色長袍，繫著打了三個結的帶子，那代表清貧、貞潔、忠順。

向小鳥說教　喬托作
「法蘭西斯傳」之一
阿西西．法蘭西斯教堂壁畫

「向小鳥說教」啓導萬物

佛羅倫斯有座聖阿西西教堂，想請位畫家畫「法蘭西斯傳」壁畫，建造人請教但丁，但丁向他推薦喬托，喬托受邀繪製廿八幅「法蘭西斯傳」，是最能交代法蘭西斯信仰、修行、實踐的重要事蹟，以濕壁畫手法繪成。

其中「向小鳥說教」，向小鳥講道說理，要求鳥兒如得到他祝福而向上帝禮讚，頃刻間，群鳥飛到天上，排成一個十字形。

他的服裝上有三個結，代表清貧、貞潔、忠順的三條教規。

「對鳥說道」當小鳥為朋友

他的說教，總是最有詩味，一舉一動、一言一行，都帶著詩人風度，現在我們來看他最著名「對鳥說道」：

親愛的小鳥兒，小姐妹啊！你們該當感謝上帝，你們底創造主，要隨時隨地讚美祂。因爲祂給你們到處亂飛亂跳的自由，還給你們二、三兩那麼輕的衣裳；並且將你們的種留在諾亞的方舟裡，使你們的種不致在此世界上絕跡。

你們應該更感謝，祂爲你們設備了遼闊的天空。除此以外，你們既不用耕種，也不用收割積倉；上帝養活你們，有許多的河流和泉水給你們飲啄。高山深谷讓你們徜徉，樹林給你們築窩。

因爲你們不知怎樣紡紗織布，上帝特別讓你們有輕輕暖暖的羽毛。

你們看，創造主給了你們這麼多恩惠，祂是何等愛惜你們呀！親愛的小姐妹啊！切不可忘恩負義，要學習不斷獻上讚美的歌聲給上帝。

這是很美的「說教」，也是偉大的詩句。法蘭西斯底同情範圍，非常廣大，不但同情貧窮，同情日月星辰和飛禽走獸。

他不僅把牠們擬人化，像對親密朋友般，不但可聊天，還像對小孩般，可教訓教訓，說些道理給牠們聽。

「向小鳥說教」誨人熱愛大自然

阿西西．法蘭西斯教堂「法蘭西斯傳」壁畫中，這幅「向小鳥說教」，是最常看見名畫。畫面上，法蘭西斯在餵食小鳥，還跟小鳥叮嚀吩咐，邊吃小米邊仰頭，不知是看聖人餵下來食物，還是在傾聽聖人說教。

這是一幅充滿清新、抒情情調的壁畫，它教誨人要熱愛自然，啓導萬物都要感謝上帝的饋贈。

法蘭西斯扶起達米安教堂　喬托作
1297-1300年　壁畫　270×230cm
阿西西·法蘭西斯教堂壁畫

法蘭西斯出家　喬托作
1297-1300年　壁畫　270×230cm
阿西西·法蘭西斯教堂壁畫

「法蘭西斯出家」賣祖產修教堂

法蘭西斯懷著激動心情，不敢辜負耶穌基督所託，賣掉父親本來準備分給他的財產和商品，所獲金錢悉數交給教堂的神父。但神父覺變賣家產來修復教堂不妥，不敢接受。

父親知道兒子賣去祖產要修教堂，把他送到主教面前，希望主持公道，也盼代爲管教。他爲表示自己決心，當著主教面前，把自己華貴衣服脫光交給父親，主教不好意思，把自己斗篷脫下忙著幫他遮身，這個畫面只是象徵法蘭西斯拋棄塵世的決心。

「法蘭西斯扶起達米安教堂」

法蘭西斯親自修復了達米安教堂之後，接著又修復了靠近阿西西附近，波提安庫拉的聖瑪利亞小教堂。喬托畫「法蘭西斯扶起達米安教堂」，這座小教堂面目一新。

他想將此教堂當成聖芳濟教派的推廣根據地，爲求得教皇批准，他親自前往羅馬，向教皇請求，他很快便獲得批准，原來羅馬教皇曾夢見達米安教堂快要傾倒，而法蘭西斯一人將教堂扶了起來。

教皇認爲，法蘭西斯自己的生活清貧，但爲修復教堂，傾其所有，出錢出力，內心頗爲感動，因此也大力支持他申請聖芳濟教派的認同。

「法蘭西斯僧侶團教規認可」

「聖芳濟教派」成立後，「法蘭西斯僧侶團」也成立，此團有別於其他宣教團體，清一色聖芳濟服裝，以隨和、簡單、不擾人，像親友探訪般，不強求人信仰，但也在自然、親切方式下，得到很多信徒好感。

他們的僧侶團成立，教規也需得到教皇認可，這是教皇頒發認可證給法蘭西斯僧侶團的情形。

接受跳火考驗　喬托作
1297-1300年　壁畫　270×230cm
阿西西・法蘭西斯教堂壁畫

火戰車的幻影　喬托作
1297-1300年　壁畫　270×230cm
阿西西・法蘭西斯教堂壁畫

「接受跳火考驗」走過燃燒的火

十字軍東征時，法蘭西斯遊走國外傳道，他不分貧富貴賤，有一次在埃及見到蘇丹教長，曾企圖使他皈依基督教。

爲了證明基督教信仰的力量，法蘭西斯提議從燃燒的火堆中走過去，蘇丹的教長不肯配合，因爲他們是異教（回教）徒。於是法蘭西斯向蘇丹教長提出條件：「如果我一個人從火堆中走過去而毫無受傷，你是否願意加入基督教？」結果，蘇丹教長還是拒絕了。

「火戰車的幻影」像阿波羅騰空

法蘭西斯像先知以利亞一樣，曾駕著馬車淩空顯影，也有說是像阿波羅般駕著有火焰的車子，由駿馬在空中奔馳。這幅「火戰車的幻影」，也在「法蘭西斯傳」壁畫中出現。

「達米安修女們祈禱」

法蘭西斯去世後，他的葬禮行列，被波提安庫拉出發，直到阿西西，途中停留於達米安女修道院，克萊爾和她的修女姐妹們，擁抱著他的遺體並致告別禮。

達米安修女們祈禱　喬托作
1297-1300年　壁畫　270×230cm
阿西西・法蘭西斯教堂壁畫

擊磐出水　普桑作
1649年　油彩・畫布　122×193cm
聖彼得堡・艾米塔吉美術館藏

泉水奇蹟　喬托作
1297-1300年　壁畫　270×230cm
阿西西・法蘭西斯教堂壁畫

「泉水奇蹟」岩石取水奇蹟

在喬托「法蘭西斯傳」的壁畫中，有一幅「泉水奇蹟」，這個傳說是從「聖經」轉化來的。據說，他像摩西一樣，能從岩石中取出水來，供教友及騎乘的驢飲用。

圖中在小山崗上，法蘭西斯正在禱告，祈求在石壁荒野，草木都枯了，希望岩石間可湧出泉水來，供大家飲用。說也奇怪，他禱告完後，一個岩石裂開，流出清澈泉水，教友好奇探頭張望，不敢相信這是否眞實。

「擊磐出水」般心誠則靈

聖經「擊磐出水」，摩西爲大家解渴，要大家禱告，祂舉杖往磐石上一擊，山泉應聲瀑出。法蘭西斯在石壁上禱告，山泉水一湧而出。

信仰靠禱告，心誠則靈。

聖痕確認　喬托作
1297-1300年　壁畫　270×230cm
阿西西．法蘭西斯教堂壁畫

「拜受聖痕」隔空烙聖痕

1224年，法蘭西斯退隱到阿爾文納山，有一次在祈禱時看到了幻象。他看到了有六隻翼的天使雙手伸開，雙足疊起，呈「十字形」，正當他注目審視時，基督被釘十字架時所受到的傷痕，竟移轉到法蘭西斯的身上。

這個「拜受聖痕」的題材很多畫家都畫過，而喬托也畫了好幾幅。其中除在法蘭西斯修道院壁畫外，巴黎．羅浮宮美術館藏，喬托另一幅「拜受聖痕」，是他單幅創作畫。

那天空中展開六翅的天使，其實是基督化身，祂把雙腳雙手在被釘十字架時，受到的「傷痕」，像電磁波傳到法蘭西斯的雙手掌、雙腳上。

並有一道光射到肋旁，被羅馬兵用長刺刀刺下，流出大量血的地方，有的人說是羅馬兵的那一刺，等於是放血，不讓人死發黑。

「聖痕確認」哲洛姆的懷疑

法蘭西斯死後，有位貴族名叫哲洛姆，對他身上的「聖痕」非常懷疑，曾親自來屍旁撫摸，終於完全信服，經此一摸，哲洛姆也皈依基督。

在歐洲祭壇畫上，主畫的畫面二邊經常出現法蘭西斯與哲洛姆在一起。他的個人畫像，出現最多的畫面是他正在禱告，有翼天使們飛舞奏樂，十字架上的基督形象，也屈身向前，接受他的擁抱。

法蘭西斯在祈禱時，看到幻象，天使伸出十字架形身手，以隔空打釘將基督被釘十字五處部位，烙印上「聖痕」。這故事不但讓原本不相信上帝的哲洛姆，他實際看到後，自己也皈依基督。

祈禱能產生奇蹟嗎？誠信則靈，古今同理，天下事沒有全部一樣的。

法蘭西斯拜受聖痕　喬托作
1297-1300年　壁畫　270×230cm
阿西西・法蘭西斯教堂壁畫

接受聖痕　格雷考作
1600-05年　油彩・畫布　194×150cm
馬德里・塞拉爾波美術館藏

「法蘭西斯接受聖痕」金光

「法蘭西斯接受聖痕」，格雷考在1567年開始畫，1590年前後也畫了好幾幅，那是他根據1224年阿爾貝尼亞（Alvernia）的「山上的奇蹟」故事：法蘭西斯看到天空中出現耶穌釘在十字架上，然後有幾根隱形的釘子，打穿他的兩個手掌和兩隻腳上，正是耶穌受十字架磔刑時，被釘打孔位置，就像耶穌又在世般。

格雷考畫「法蘭西斯接受聖痕」，在1577-95年間，共畫了近十件，這些聖像大多是爲修道院或個人委託用來祈禱用。他的畫面上耶穌不一定出現，祂在天上，在雲端，天空破開，從雲彩間射出金色光芒，烙印在聖人手腳上。

他以簡潔柔和的筆觸，來畫懺悔苦修的法蘭西斯面貌，他不像喬托，把耶穌轉化成六翼天使，在空中向苦修的法蘭西斯，以隔空穿箭般，把耶穌基督爲救贖人類，接受常人無法忍受的磔刑之苦。聖痕烙印在忠誠弟子相同部位上。

六翼天使選擇法蘭西斯把「聖痕」烙印在他身上，那是因法蘭西斯爲基督絕對清純的信仰，至高無上的完全奉獻生命。就像耶穌在世時，把金鑰匙交給第一位大弟子彼得一樣，那是耶穌找到可以信託的人。

不畫聖光擊身的聖痕

格雷考畫的「接受聖痕」，不像喬托畫的「法蘭西斯接受聖痕」，有光道從代表基督的天使處發出，像現代電影「超人」般，有光直射法蘭西斯身上。格雷考筆下接受聖痕的法蘭西斯，面對聖光，以虔誠之心接受至聖洗禮。

法蘭西斯接受聖痕　格雷考作
1590-95年　油彩・畫布　114×106cm
愛爾蘭・國立美術館藏

法蘭西斯的慈悲之夢　沙西塔作
油彩．畫板　87×52cm
倫敦．國家畫廊藏

法蘭西斯神祕婚禮　沙西塔作
1437-44年　油彩．畫板　87×52cm
法國．香提邑．貢岱博物館藏

「法蘭西斯神祕婚禮」

法蘭西斯的幻象和奇跡傳說很多，他曾在赴西耶納的路上見到三個婦女的幻象，她們向他問候，並自稱是貧窮人家「清貧」在歡迎你，這三位姑娘，其實是暗寓法蘭西斯衣帶上的三個結，這三位少女也象徵：清貧、貞潔、忠順。

法蘭西斯比喻的「新娘子」，畫家以「神祕婚約」出現在畫面上，法蘭西斯正把一個指環套在站立於中間的「清貧」手指上，朋友們則在一旁觀看此一儀式。和「清貧」在一起的，有身穿白衣服的「貞潔」和紅衣服的「忠順」。婚禮完後，她們三位少女一起飛向天國。

這是沙西塔在塞波克羅祭壇畫「法蘭西斯神祕婚禮」。

沙西塔「野獸和禽鳥」溫順野獸

法蘭西斯與鳥獸的故事，最爲人熟知。據說，兇猛的野獸在他面前，變得溫順，甚至聽從他的吩咐。

有一次，他向小鳥講道，要求鳥兒得到他祝福後，要向上帝表示禮讚，頃刻間，群鳥飛到天上，排成「十」字形。

還有一個故事，在古比歐城居民們常被狼咬傷，這也是一個比喻，其實指的是一位經常騷擾居民的強盜，後來被法蘭西斯感化而皈依基督教。

這是法蘭西斯幻象和奇蹟傳說，聖人對貧窮女郎一往情深，有條鎖鏈繫在她身上，他能甘之如飴。

隱居的法蘭西斯　貝利尼作
1475年　油彩・畫板　124×142cm
紐約・佛利克基金會藏

隱居法蘭西斯

法蘭西斯厭惡塵世俗事，喜歡居住郊外山洞，飲天水採野果過日，有時久旱不雨，讓他騎乘驢子時沒水喝，他從岩石處用竹子引出泉水讓毛驢解渴。他在自己居住山洞外，搭木架、編籬笆，並有桌椅，方便自己晨修讀經念書。

迎接「聖痕」般欣悅

貝利尼（Giovanni Bellini 1430-1516），這位十六世紀的大畫家，提香、丁特列托都受到他的教益，美術史都把他歸入威尼斯畫派重要功臣。他的畫重視故事情節，對於線條和色彩描寫，構圖講究，強調藝術語言表現力。

像他畫「隱居的法蘭西斯」，居住在峭壁、山崖、藤棚架下，在晨光微曦下，迎接新的一天。對著陽光、自然、野景，迎接「聖痕」般欣悅，自認爲這是聖寵與富足，迎接「聖痕」如清早面對晨光，得到上帝光照，沉浸在甘美的神味之中，渾然若癡。他畫的法蘭西斯是：「沒有人貪圖金銀如他貪戀貧窮般，沒有人珍惜寶藏如他珍惜福音般」。

他是主耶穌欣悅他能肖似自己般，特賜予「五傷聖痕」榮崇，印證他信仰之堅貞與虔誠。

十字架前冥思　格雷考作
1580-85年　油彩・畫布　116×102cm
美國・俄馬哈・喬瑟琳美術館藏

法蘭西斯的「禱告」

在格雷考的畫作中，法蘭西斯一手撫胸，一手伸向前方，面對有耶穌基督受難雕像的十字架上，作祈禱或禱告。十字架旁頭顱，則暗示生命的短暫與飛逝，也有解釋那是耶穌基督留在世間的頭顱。

「使我作你和平之子」誠摯禱告

極富悲天憫人宗教情懷的法蘭西斯，將他對上帝、耶穌，以及天地萬物的博愛與虔敬，化為句句感人的祈禱文，做最誠摯的禱告，如：

「造物主，
使我作你（上帝）和平之子，在憎恨之處播下你的愛。
在傷痕之處播下您寬恕，在懷疑之處播下信心。

使我作你和平之子，
在絕望之處播下你盼望。
在幽暗之處播下你光明，在憂愁之處播下喜樂。
噢！主啊！使我少為自己求，
少求受安慰但求安慰人，少求被瞭瞭但求瞭解人。
少求愛但求全心付出愛。
使我作你和平之子，在赦免時我們便蒙赦免。
在捨去之我們便有所得，迎接死亡時我們便進入永生。」

編著者的話

彩圖看　聖經文學

這裡所謂「聖經文學」，不是指一般的「基督教文學」，介紹「聖經」這部書的文學。

我們所要介紹的是著名「文學名著」中，跟「聖經」有關的「文學名著」。文學作家以「聖經」引發靈感創作文學；藝術家更具體或畫插圖，或以主題創作，把「聖經文學」推至更完美形象境界。

但丁「神曲」讓畫家最沉迷

但丁有名的「神曲」──以敘事詩手法，描寫夢中地獄、煉獄和天堂三界，在神祕三界裡，歷經黑暗、慘烈的地獄、煉獄，到光明崇高的天堂，象徵人類經過受罰和懺悔的靈魂終能得救，像他的初戀情人佩雅麗琪陪他共遊天堂即是一例。

很多人喜歡但丁「神曲」中「地獄篇」裡「舊約」人物的呢喃，甚於在「舊約」故事的感覺。更多的藝術家感同身受，從最早文藝復興初期喬托，到盛期米開朗基羅、拉飛爾，到英國拉飛爾前派羅塞蒂，一直到浪漫派大師德拉克窪，到法國銅版畫家杜雷。他們從「神曲」生動的描寫中獲得豐富的幻想和靈感，再延伸創作出傳世不朽的作品，把聖經文學推向空前的極致裡。而宗教、文學，與藝術的相互輝映，也為歐洲中世紀文化史增添更璀燦的光芒。

米爾頓「失樂園」撒旦「黑的永遠黑」

英國文學家約翰．米爾頓（1608-74）在「聖經文學」上有獨特建樹，用雪萊的一句話來描寫較貼切：

「米爾頓巍然獨立，照耀著不配受他照顧的一代」。

約翰・米爾頓21歲時寫的「聖經晨歌」，語辭優美，風格清新，描寫耶穌基督降臨世間的神妙，到現在很多聖誕歌詞仍在引用。

他的史詩「失樂園」，共一萬多行，雖然採自「舊約——創世紀」第2-3章與「啓示錄」，卻用倒裝的筆法，不把亞當與夏娃當主角，而以撒旦惡魔當第一人稱，描寫撒旦因嫉妒神子被立爲諸神之長，串連反叛上帝的天使一起造反，結果自己竟落到變成蛇的地步。

變蛇的撒旦，依舊心懷不軌，竟誘惑人類始祖墮落。18世紀英國詩人布雷克，他看不慣米爾頓自己在「失樂園」中站在撒旦這邊，並將撒旦寫成英雄。事實上，撒旦的墮落在於強烈自私報復心，而人類墮落是因夏娃無知與禁不起誘惑，還好是亞當對夏娃這位伴侶忠誠，代表人類還有一絲希望。

上帝畢竟明鑑，祂派大天使米迦勒，展開罪惡懲罰又拯救衆生，終於讓人類始祖明白，人可以憑藉內心信仰，擁有快活的樂土。

米爾頓以壞人角度看好人，這跟聖經以好人角度爲基準，正是反向的寫法，反而提示讀者雙向思考，不是更有見地嗎？

王爾德「莎樂美」頹廢美術興起

英國唯美主義作家王爾德，他的獨幕劇「莎樂美」，就是借用「聖經」中說得太少，話沒講清楚，世人又在好奇心理趨使下，一直想要知道的情節，改編成劇本，方便人家上演，不但讀者過癮，連帶啓動「莎樂美」頹廢美術興起。

「莎樂美」取材自「聖經——新約」中「馬太福音」第14章1-12節、「馬可福音」第6章14-29節。施洗者約翰因看不慣希律王娶了兄弟腓力之妻希羅底，他大聲譴責國王不是，希羅底懷恨在心。這一天，希律王生日宴會，大家邀希羅底女兒莎樂美跳舞，莎樂美舞姿舞態極盡妖嬌之至，大伙瘋狂，希律王大樂，要重賞莎樂美，問她想要什麼，莎樂美詢問母親希羅底。

希羅底認爲報仇機會來了，她要莎樂美，跟國王要關在牢裡她的仇人施洗者約翰的頭，還要用盤子裝著像端菜上桌般端在她前面。

希律王荒淫誤國，希羅底卑鄙殘忍，莎樂美無知幼稚。

王爾德的「莎樂美」，因爲是劇本，以對話方式呈現，很多優美形容詞，以唯美抒情手法表述。但對殘忍又變態情節，充滿絕情無理，道德與上帝權威被衝激得蕩然無存。

未被畫家青睞聖經文學名著

此外，還有很多很好的由「聖經」啓引的文學創作，但因爲沒有插畫，不是我們介紹範圍。

像海明威有部「太陽又升起」（曾拍成電影），那是取自「傳道書」第1章5節中，傳道者的話：

「一代過去，一代又來，宇宙長存，每日太陽升起，再落下，太陽匆匆地趕回原處，再從那裡出來。」

還有英國作家瑪格麗特的「針眼」，取材自「馬太福音」第19章24節，耶穌訓示：

「財主進入上帝殿堂，比駱駝穿過針眼還難。」

類似這樣非常優美雋永的「聖經」文學創作，雖非形象化的表達，但巧妙地將基督教觀念傳播於藝術魅力當中；面對「聖經」所要諭示自省試煉的眞理，有更深層面的思索，視野更爲寬廣，而奉行上帝的旨意也更爲堅持、篤定。

何恭上

2002年7月仲夏之夜

聖經與名畫 ❻

圖文 聖經文學

何恭上編著

執行編輯 ● 龐靜平

法律顧問 ● 北辰著作權事務所
● 蕭雄淋律師

發 行 人 ● 何恭上
發 行 所 ● 藝術圖書公司

地　　址 ● 台北市羅斯福路 3 段 283 巷 18 號
電　　話 ● (02)2362-0578 · (02)2362-9769
傳　　眞 ● (02)2362-3594
郵　　撥 ● 郵政劃撥 0017620-0 號帳戶
E-Mail ● artbook@ms43.hinet.net

南部分社 ● 台南市西門路 1 段 223 巷 10 弄 26 號
電　　話 ● (06)261-7268
傳　　眞 ● (06)263-7698

中部分社 ● 台中縣潭子鄉大豐路 3 段 186 巷 6 弄 35 號
電　　話 ● (04)2534-0234
傳　　眞 ● (04)2533-1186

登 記 證 ● 行政院新聞局台業字第 1035 號

定　　價 ● 580 元

初　　版 ● 2002 年 10 月 30 日

ISBN 957-672-338-8

國家圖書館出版品預行編目資料

圖文　聖經文學／何恭上編著. --初版. --臺北市：
藝術圖書, 2002 [民 91]
面；　　公分. --（聖經與名畫；6）

ISBN　957-672-338-8（平裝）

1. 聖經—研究與考訂　2. 西洋文學—作品評論

870.1　　　　　　　　　　　　　91014072